Sabores del Mediterráneo
El Arte Culinario que Inspira

Martín Sánchez

Contenido

Linguini de mariscos 10
Sabores de camarones al jengibre y tomate. 12
Camarones y pasta 15
bacalao escalfado 17
Mejillones al vino blanco 19
salmón con eneldo 21
salmón simple 23
melodía de atún 24
queso de mar 25
filetes saludables 26
salmón con hierbas 27
Atún glaseado ahumado 28
Fletán crujiente 29
Apto para atún 30
Filetes de pescado fresco y caliente 31
Almejas O' Marine 32
Filete asado mediterráneo en olla de cocción lenta 33
Filete mediterráneo en olla de cocción lenta con alcachofas 35
Asado delgado estilo mediterráneo en olla de cocción lenta 37
Pastel de carne en olla de cocción lenta 39
Carne de res mediterránea en olla de cocción lenta 41
Cerdo asado mediterráneo 43

pizza de bistec 45
Albóndigas de ternera y bulgur.. 48
Deliciosa carne de res y brócoli 50
Chile De Maíz Con Carne.. 51
Plato de bistec balsámico.. 52
Filete con salsa de soja... 54
Filete de res al romero 56
Chuleta de cerdo y salsa de tomate 58
Pollo con salsa de alcaparras 59
Hamburguesa de pavo con salsa de mango........................... 61
Pechuga de pavo asada con hierbas 63
Salchicha de pollo y pimentón 65
pollo Piccata 67
Una sartén de pollo toscano 69
pollo kapama... 71
Pechuga de pollo rellena de espinacas y queso feta 73
Muslos de pollo al horno al romero 75
Pollo con cebolla, patatas, higos y zanahorias........................ 76
Pollo Gyros con Tzatziki 78
Musaka.. 80
Solomillo de cerdo Dijon y hierbas 83
Filete con salsa de champiñones al vino tinto 85
albóndigas griegas.. 88
Cordero con frijoles... 90
Pollo en salsa de tomate y balsámico 92
Ensalada de arroz integral, queso feta, guisantes frescos y menta.......... 94
Pan de pita integral relleno de aceitunas y garbanzos 96

Zanahorias asadas con nueces y frijoles cannellini 98

Pollo con mantequilla especiada 100

Pollo con tocino y doble queso 102

Camarones con limón y pimienta 104

Fletán empanizado y sazonado 106

Salmón al curry con mostaza 108

Salmón con costra de nueces y romero 109

Espaguetis rápidos con tomate 111

Queso frito con chile orégano 113

311. Pollo italiano crujiente 113

Muffins de pizza de quinua 115

Pan de nueces y romero 117

Delicioso Panini Cangrejero 120

Pizza y pasteles perfectos. 122

Margherita modelo mediterráneo 125

Piezas de picnic empaquetadas portátiles 127

Frittata rellena de jugosa crema de calabacín y tomate 128

Pan de crema agria de plátano 130

pan de pita casero 132

Sándwich de pan plano 134

Plato mezze con pan Zaatar Pita tostado 136

Mini shawarma de pollo 138

pizza de berenjena 140

Pizza integral mediterránea 142

Horneado de espinacas y queso feta pita 143

Feta de sandía y pizza balsámica 145

Hamburguesas picantes mixtas 146

Prosciutto - Ensalada - Sándwich de tomate y aguacate 148

pastel de espinacas 150

Hamburguesa de pollo grasienta 152

Para tacos de cerdo asado 154

Manzana italiana - pastel de aceite de oliva 156

Tilapia rápida con cebolla morada y aguacate 158

Pescado a la plancha al limón 160

Cena de pescado en Ukenatslaken 162

Palitos de pescado crujientes de polenta 164

Cena de cazuela de salmón 166

Hamburguesas toscanas de atún y calabacín 168

Plato de col rizada siciliana y atún 170

Guiso de bacalao mediterráneo 172

Mejillones al vapor en salsa de vino blanco 174

Camarones a la naranja y al ajillo 176

Ñoquis de camarones fritos al horno 178

Puttanesca picante de camarones 180

Sándwiches de atún italianos 182

Wrap de ensalada de salmón al eneldo 184

Pastel de pizza de almejas blancas 186

Harina de pescado con frijoles al horno 188

Bacalao con champiñones asados 189

Pez espada picante 191

Manía por la pasta con anchoas 193

Pasta con camarones y ajo 194

Salmón con miel y vinagre 196

Harina de pescado de naranja 197

Zoodles De Camarones 198
Plato de trucha con espárragos 199
Kale, aceitunas, atún 201
Gambas Picantes Al Romero 203
salmón con espárragos 205
Ensalada de atún y nueces 206
Sopa cremosa de camarones 208
Salmón picante con quinoa vegetal 210
Trucha a la mostaza con manzanas 212
ñoquis con camarones 214
camarones saganaki 216
salmón mediterráneo 218

Linguini de mariscos

Tiempo de preparación: 10 minutos

Hora de cocinar: 35 minutos

Porciones: 2

Dificultad: Difícil

Ingredientes:

- 2 dientes de ajo, picados
- 4 onzas de linguini integrales
- 1 cucharada de aceite de oliva
- 14 onzas de tomates, enlatados y cortados en cubitos
- 1/2 cucharada de chalotes, finamente picados
- 1/4 taza de vino blanco
- Sal marina y pimienta negra al gusto.
- 6 cáscaras de cereza, limpias
- 4 onzas de tilapia, cortada en tiras de 1 pulgada
- 4 onzas de vieiras secas
- 1/8 taza de queso parmesano rallado
- 1/2 cucharadita de mejorana, picada y fresca

Ruta:

Hierva el agua en la olla, luego cocine la pasta hasta que esté suave, lo que demora unos ocho minutos. Luego filtrar y enjuagar la pasta.

Calienta el aceite en una sartén grande a fuego medio, luego agrega el ajo y las chalotas cuando el aceite esté caliente. Cocine por un minuto, revolviendo con frecuencia.

Aumente el fuego a medio antes de agregar la sal, el vino, la pimienta y los tomates y llevar a ebullición. Cocine por un minuto más.

Luego agrega las almejas, tapa y cocina por dos minutos más.

Luego agregue la mejorana, las vieiras y el pescado. Continuar cocinando hasta que el pescado esté cocido y las almejas abiertas. Esto puede tardar hasta cinco minutos y eliminará las almejas que no se abran.

Vierta la salsa y las almejas sobre la pasta, espolvoree con parmesano y mejorana antes de servir. Servir caliente.

Nutrientes (por 100 g): 329 calorías 12 g de grasa 10 g de carbohidratos 33 g de proteína 836 mg de sodio

Sabores de camarones al jengibre y tomate.

Tiempo de preparación: 10 minutos

Hora de cocinar: 15 minutos

Porciones: 2

Dificultad: Difícil

Ingredientes:

- 1 1/2 cucharadas de aceite vegetal
- 1 diente de ajo, finamente picado
- 10 langostinos extra grandes, pelados y sin colas
- 3/4 cucharada de alevines, rallados y pelados
- 1 tomate verde, cortado por la mitad
- 2 tomates pera, cortados por la mitad
- 1 cucharada de jugo de limón, fresco
- 1/2 cucharadita de azúcar
- 1/2 cucharada de semillas de jalapeño, frescas y picadas
- 1/2 cucharada de albahaca, fresca y picada
- 1/2 cucharada de cilantro, picado y fresco
- 10 lanzas
- Sal marina y pimienta negra al gusto.

Ruta:

Remojar las brochetas en un pie de agua durante al menos media hora.

Mezcle el ajo y el jengibre en un bol, transfiera la mitad a un bol más grande y mezcle con dos cucharadas de aceite. Agrega los camarones, asegurándote de que queden bien cubiertos.

Tapar y refrigerar durante al menos media hora, luego dejar enfriar.

Precalienta la parrilla y cubre ligeramente las parrillas con aceite. Toma un bol y mezcla las ciruelas y los tomates verdes con la cucharada restante de aceite, sazona con sal y pimienta.

Los tomates se asan a la parrilla con el lado cortado hacia arriba y su piel carbonizada. La pulpa de los tomates debe estar blanda, lo que debería tardar entre cuatro y seis minutos para los tomates ciruela y unos diez minutos para los tomates verdes.

Retire la piel cuando los tomates estén lo suficientemente fríos para manipularlos y deseche las semillas. Corta la pulpa del tomate en trozos pequeños y agrégala al jengibre y al ajo reservados. Agrega el azúcar, el jalapeño, el jugo de lima y la albahaca.

Sazone los camarones con sal y pimienta y enrósquelos en las brochetas, luego áselos hasta que estén opacos, aproximadamente dos minutos por lado. Coloca los camarones en un plato y disfruta.

Nutrientes (por 100 g): 391 calorías 13 g de grasa 11 g de carbohidratos 34 g de proteína 693 mg de sodio

Camarones y pasta

Tiempo de preparación: 10 minutos

Hora de cocinar: 10 minutos

Porciones: 2

Dificultad: Media

Ingredientes:

- 2 tazas de pasta Cabello de Ángel, cocida
- 1/2 libra de camarones medianos, pelados
- 1 diente de ajo, finamente picado
- 1 taza de tomates, picados
- 1 cucharadita de aceite de oliva
- 1/6 taza de aceitunas Kalamata, deshuesadas y picadas
- 1/8 taza de albahaca, fresca y en rodajas finas
- 1 cucharada de alcaparras, escurridas
- 1/8 taza de queso feta, desmenuzado
- Una pizca de pimienta negra

Ruta:

Cocine la pasta según las instrucciones del paquete, luego caliente el aceite de oliva en una sartén a fuego medio-alto. Freír el ajo durante medio minuto y luego añadir los camarones. Cocine por un minuto más.

Agrega la albahaca y los tomates, luego reduce el fuego y cocina a fuego lento durante tres minutos. Los tomates deben estar blandos.

Agregue las aceitunas y las alcaparras. Agregue una pizca de pimienta negra y mezcle la mezcla de camarones y la pasta para servir. Espolvorea con queso antes de servir.

Nutrientes (por 100 g): 357 calorías 11 g de grasa 9 g de carbohidratos 30 g de proteína 871 mg de sodio

bacalao escalfado

Tiempo de preparación: 10 minutos
Hora de cocinar: 25 minutos
Porciones: 2
Dificultad: Media

Ingredientes:

- 2 filetes de bacalao, 6 oz
- Sal marina y pimienta negra al gusto.
- 1/4 taza de vino blanco seco
- 1/4 taza de caldo de mariscos
- 2 dientes de ajo, finamente picados
- 1 hoja de laurel
- 1/2 cucharadita de salvia, fresca y finamente picada
- 2 ramitas de romero para decorar

Ruta:

Primero, enciende el horno a 375 grados, luego sazona los filetes con sal y pimienta. Ponlos en una sartén y añade el caldo, el ajo, el vino, la salvia y las hojas de laurel. Tapar bien y hornear durante veinte minutos. El pescado debe quedar escamoso al probarlo con un tenedor.

Retira cada filete con una espátula, coloca el líquido a fuego alto y cocina para dos. Esto lleva diez minutos y es necesario revolver con frecuencia. Sirva vertido en líquido Orvvadőr y adornado con una ramita de romero.

Nutrientes (por 100 g): 361 calorías 10 g de grasa 9 g de carbohidratos 34 g de proteína 783 mg de sodio

Mejillones al vino blanco

Tiempo de preparación: 5 minutos
Hora de cocinar: 10 minutos
Porciones: 2
Dificultad: Difícil

Ingredientes:

- 2 libras. Almejas vivas, frescas
- 1 taza de vino blanco seco
- 1/4 cucharadita de sal marina, fina
- 3 dientes de ajo, finamente picados
- 2 cucharaditas de chalotes, cortados en cubitos
- 1/4 taza de perejil, fresco y finamente picado, dividido
- 2 cucharadas de aceite de oliva
- en el jugo de 1/4 de limón

Ruta:

Saca un colador y frota las almejas, luego enjuágalas con agua fría. Deseche las almejas que no se cierren al golpearlas y luego quite la barba de cada una con un par de tijeras.

Retire la sartén, colóquela a fuego medio-alto y agregue el ajo, las chalotas, el vino y el perejil. Déjalo hervir. Cuando hierva uniformemente, añade las almejas y tapa. Déjalos hervir a fuego lento durante cinco a siete minutos. Tenga cuidado de no cocinarlos demasiado.

Retíralos con una espumadera y agrega a la olla jugo de limón y aceite de oliva. Mezcla bien y vierte el caldo sobre los mejillones antes de servir con perejil.

Nutrientes (por 100 g): 345 calorías 9 g de grasa 18 g de carbohidratos 37 g de proteína 693 mg de sodio

salmón con eneldo

Tiempo de preparación: 10 minutos

Hora de cocinar: 15 minutos

Porciones: 2

Dificultad: Media

Ingredientes:

- 2 filetes de salmón de 6 onzas cada uno
- 1 cucharada de aceite de oliva
- 1/2 mandarina, jugo
- 2 cucharaditas de piel de naranja
- 2 cucharadas de eneldo, fresco y finamente picado
- Sal marina y pimienta negra al gusto.

Ruta:

Precaliente el horno a 375 grados, luego saque dos hojas de papel de aluminio de diez pulgadas. Frote ambos lados de los filetes con aceite de oliva antes de sazonarlos con sal y pimienta, luego coloque cada filete en un trozo de papel de aluminio.

Rocíe cada uno con jugo de naranja y luego unte con la cáscara de naranja y el eneldo. Doble el paquete, dejando dos pulgadas de espacio de aire en el papel de aluminio para que el pescado se cocine al vapor, luego colóquelo en una bandeja para hornear.

Hornee durante quince minutos antes de abrir los paquetes y transferirlos a dos platos para servir. Antes de servir, vierte la salsa encima de cada uno.

Nutrientes (por 100 g): 366 calorías 14 g de grasa 9 g de carbohidratos 36 g de proteína 689 mg de sodio

salmón simple

Tiempo de preparación: 8 minutos

Hora de cocinar: 8 minutos

Porciones: 2

Dificultad: Fácil

Ingredientes:

- Salmón, filete de 6 oz
- Limón, 2 rodajas
- Alcaparras, 1 cucharada
- Sal marina y pimienta, 1/8 cucharadita
- Aceite de oliva virgen extra, 1 cucharada

Ruta:

Coloca una sartén limpia a fuego medio para cocinar durante 3 minutos. Pon aceite de oliva en un plato y cubre el salmón por completo. Freír el salmón en una sartén a fuego alto.

Unte la parte superior del salmón con los demás ingredientes y fríalo por ambos lados. Observe si ambos lados están marrones. Puede tardar entre 3 y 5 minutos por cada lado. Asegúrate de que el salmón esté cocido probándolo con un tenedor.

Servir con rodajas de limón.

Nutrientes (por 100 g): 371 calorías 25,1 g de grasa 0,9 g de carbohidratos 33,7 g de proteína 782 mg de sodio

melodía de atún

Tiempo de preparación: 20 minutos
Hora de cocinar: 20 minutos
Porciones: 2
Dificultad: Fácil

Ingredientes:

- Atún, 12 gramos
- Cebolla verde, 1 para decorar
- Pimienta de California, ¼, picada
- Vinagre, 1 gota
- Sal y pimienta para probar
- Aguacate, 1, partido por la mitad y sin hueso
- yogur griego, 2 cucharadas

Ruta:

Mezclar en un bol el atún con el vinagre, la cebolla, el yogur, el aguacate y el pimiento.

Agrega las especias, mezcla y sirve con guarnición de cebolla verde.

Nutrientes (por 100 g): 294 calorías 19 g de grasa 10 g de carbohidratos 12 g de proteína 836 mg de sodio

queso de mar

Tiempo de preparación: 12 minutos

Hora de cocinar: 25 minutos

Porciones: 2

Dificultad: Fácil

Ingredientes:

- Salmón, filete de 6 oz
- albahaca seca, 1 cucharada
- Queso, 2 cucharadas, rallado
- Tomate, 1, rebanado
- Aceite de oliva virgen extra, 1 cucharada

Ruta:

Prepara un horno a 375F. Forre una bandeja para hornear con papel de aluminio y rocíe con aceite de cocina. Transfiera con cuidado el salmón a la sartén y vierta el resto de los ingredientes sobre él.

Deja que el salmón se dore durante 20 minutos. Deje enfriar durante cinco minutos y luego transfiéralo a un plato. Verás la cobertura en el medio del salmón.

Nutrientes (por 100 g): 411 calorías 26,6 g de grasa 1,6 g de carbohidratos 8 g de proteína 822 mg de sodio

filetes saludables

Tiempo de preparación: 10 minutos
Hora de cocinar: 20 minutos
Porciones: 2
Dificultad: Fácil

Ingredientes:

- Aceite de oliva, 1 cucharadita
- Filete de fletán, 8 gramos
- Ajo, ½ cucharadita, finamente picado
- Mantequilla, 1 cucharada
- Sal y pimienta para probar

Ruta:

Calienta una sartén y agrega el aceite. Freír los filetes en una sartén a fuego medio, derretir la mantequilla con el ajo, la sal y la pimienta. Agregue los filetes, mezcle para combinar y sirva.

Nutrientes (por 100 g): 284 calorías 17 g de grasa 0,2 g de carbohidratos 8 g de proteína 755 mg de sodio

salmón con hierbas

Tiempo de preparación: 8 minutos

Hora de cocinar: 18 minutos

Porciones: 2

Dificultad: Fácil

Ingredientes:

- Salmón, 2 filetes sin piel
- Sal gruesa al gusto
- Aceite de oliva virgen extra, 1 cucharada
- Limón, 1, en rodajas
- Romero fresco, 4 ramitas

Ruta:

Precalienta el horno a 400F. Coloca papel de aluminio en una fuente apta para horno y coloca el salmón encima. Unte la parte superior del salmón con los demás ingredientes y hornee por 20 minutos. Servir inmediatamente con una rodajita de limón.

Nutrientes (por 100 g): 257 calorías 18 g de grasa 2,7 g de carbohidratos 7 g de proteína 836 mg de sodio

Atún glaseado ahumado

Tiempo de preparación: 35 minutos
Hora de cocinar: 10 minutos
Porciones: 2
Dificultad: Fácil

Ingredientes:

- Atún, filete de 4 oz
- Jugo de naranja, 1 cucharada
- Ajo finamente picado, ½ diente
- Jugo de limón, ½ cucharadita
- Perejil fresco, 1 cucharada, picado
- Salsa de soja, 1 cucharada
- Aceite de oliva virgen extra, 1 cucharada
- Pimienta negra molida, ¼ de cucharadita
- Orégano, ¼ de cucharadita

Ruta:

Elige un plato mixto y añade todos los ingredientes menos el atún. Mezcla bien y luego agrega el atún a la marinada. Pon esta mezcla en el frigorífico durante media hora. Calienta una sartén grill y cocina el atún durante 5 minutos por cada lado. Servir cocido.

Nutrientes (por 100 g): 200 calorías 7,9 g de grasa 0,3 g de carbohidratos 10 g de proteína 734 mg de sodio

Fletán crujiente

Tiempo de preparación: 20 minutos
Hora de cocinar: 15 minutos
Porciones: 2
Dificultad: Fácil

Ingredientes:

- Cubra con perejil
- Eneldo fresco, 2 cucharadas, picado
- Cebollino fresco, 2 cucharadas, picado
- Aceite de oliva, 1 cucharada
- Sal y pimienta para probar
- Fletán, filete, 6 oz
- Cáscara de limón, ½ cucharadita, finamente rallada
- yogur griego, 2 cucharadas

Ruta:

Precalienta el horno a 400F. Forra una bandeja para hornear con papel de aluminio. Pon todos los ingredientes en un plato ancho y marina el filete. Enjuague y seque el filete; Luego mete al horno y hornea por 15 minutos.

Nutrientes (por 100 g): 273 calorías 7,2 g de grasa 0,4 g de carbohidratos 9 g de proteína 783 mg de sodio

Apto para atún

Tiempo de preparación: 15 minutos
Hora de cocinar: 10 minutos
Porciones: 2
Dificultad: Fácil

Ingredientes:

- huevo, ½
- Cebolla, 1 cucharada, picada
- Cubra con apio
- Sal y pimienta para probar
- Ajo, 1 diente, picado
- Atún enlatado, 7 gramos
- yogur griego, 2 cucharadas

Ruta:

Escurrir el atún, luego agregar el huevo y el yogur de ajo, sazonar con sal y pimienta.

Mezcla esta mezcla con la cebolla en un bol y dale forma de albóndigas. Coge una sartén grande y fríe los bollos durante 3 minutos por cada lado. Vierta y sirva.

Nutrientes (por 100 g): 230 calorías 13 g de grasa 0,8 g de carbohidratos 10 g de proteína 866 mg de sodio

Filetes de pescado fresco y caliente

Tiempo de preparación: 14 minutos

Hora de cocinar: 14 minutos

Porciones: 2

Dificultad: Fácil

Ingredientes:

- Ajo, 1 diente, picado
- Jugo de limón, 1 cucharada
- Azúcar moreno, 1 cucharada
- Filete de fletán, 1 libra
- Sal y pimienta para probar
- Salsa de soja, ¼ de cucharadita
- Mantequilla, 1 cucharadita
- yogur griego, 2 cucharadas

Ruta:

Precalienta la parrilla a fuego medio. Mezclar la mantequilla, el azúcar, el yogur, el jugo de limón, la salsa de soja y las especias en un bol. Calienta la mezcla en una sartén. Cepille el bistec con esta mezcla mientras lo asa. Servir caliente.

Nutrientes (por 100 g): 412 calorías 19,4 g de grasa 7,6 g de carbohidratos 11 g de proteína 788 mg de sodio

Almejas O' Marine

Tiempo de preparación: 20 minutos

Hora de cocinar: 10 minutos

Porciones: 2

Dificultad: Fácil

Ingredientes:

- Almejas, frotadas y sin barba, 1 libra
- Leche de coco, ½ taza
- pimienta de cayena, 1 cucharadita
- Jugo de limón fresco, 1 cucharada
- Ajo, 1 cucharadita, finamente picado
- Cilantro recién picado para cubrir
- Azúcar moreno, 1 cucharadita

Ruta:

Combine todos los ingredientes excepto las almejas en una sartén. La mezcla se calienta y se lleva a ebullición. Agrega los mejillones y cocina por 10 minutos. Servir en un bol con el líquido hervido.

Nutrientes (por 100 g): 483 calorías 24,4 g de grasa 21,6 g de carbohidratos 1,2 g de proteína 499 mg de sodio

Filete asado mediterráneo en olla de cocción lenta

Tiempo de preparación: 10 minutos
Hora de cocinar: 10 horas 10 minutos
Porciones: 6
Dificultad: Media

Ingredientes:

- 3 kilos de carne asada, deshuesada
- 2 cucharaditas de romero
- ½ taza de tomates, secados al sol y picados
- 10 dientes de ajo rallado
- ½ taza de caldo de res
- 2 cucharadas de vinagre balsámico
- ¼ de taza de perejil italiano fresco picado
- ¼ taza de aceitunas picadas
- 1 cucharadita de cáscara de limón
- ¼ taza de requesón

Ruta:

Agrega el ajo, los tomates secos y el bistec a la olla de cocción lenta. Agregue el caldo de res y el romero. Cierra el fuego y cocina lentamente durante 10 horas.

Después de cocinar, retire la carne y córtela en trozos. Deseche la grasa. Regrese la carne desmenuzada a la olla de cocción lenta y cocine a fuego lento durante 10 minutos. Mezcle la cáscara de limón, el perejil y las aceitunas en un tazón pequeño. Refrigere la mezcla hasta el momento de servir. Adorne con la mezcla enfriada.

Servir con pasta o huevos revueltos. Unte la parte superior con queso rallado.

Nutrientes (por 100 g): 314 calorías 19 g de grasa 1 g de carbohidratos 32 g de proteína 778 mg de sodio

Filete mediterráneo en olla de cocción lenta con alcachofas

Tiempo de preparación: 3 horas 20 minutos
Hora de cocinar: 7 horas 8 minutos
Porciones: 6
Dificultad: Fácil

Ingredientes:

- 2 kilos de carne de res para guiso
- 14 gramos de corazones de alcachofa
- 1 cucharada de aceite de semilla de uva
- 1 cebolla picada
- 32 gramos de caldo de res
- 4 dientes de ajo rallados
- 14½ gramos de tomates enlatados, cortados en cubitos
- 15 gramos de salsa de tomate
- 1 cucharadita de orégano seco
- ½ taza de aceitunas picadas y picadas
- 1 cucharadita de perejil seco
- 1 cucharadita de orégano seco
- ½ cucharadita de comino molido
- 1 cucharadita de albahaca seca
- 1 hoja de laurel
- ½ cucharadita de sal

Ruta:

Vierte un poco de aceite en una sartén grande y pon a fuego medio-alto. Freír el bistec hasta que se dore por ambos lados. Transfiera el bistec a una olla de cocción lenta.

Agrega el caldo de res, los tomates cortados en cubitos, la salsa de tomate, la sal y mezcla. Cubra con caldo de res, tomates cortados en cubitos, orégano, aceitunas, albahaca, perejil, hojas de laurel y comino. Mezclar bien la mezcla.

Tapar y cocinar a fuego lento durante 7 horas. Deseche la hoja de laurel al servir. Servir caliente.

Nutrientes (por 100 g): 416 calorías 5 g de grasa 14,1 g de carbohidratos 29,9 g de proteína 811 mg de sodio

Asado delgado estilo mediterráneo en olla de cocción lenta

Tiempo de preparación: 30 minutos
Tiempo de preparación: 8 horas
Porciones: 10
Dificultad: Difícil

Ingredientes:

- 4 libras Ojo de redondo asado
- 4 dientes de ajo
- 2 cucharaditas de aceite de oliva
- 1 cucharadita de pimienta negra recién molida
- 1 taza de cebolla picada
- 4 zanahorias, finamente picadas
- 2 cucharaditas de romero seco
- 2 tallos de apio, picados
- 28 gramos de tomates triturados en la caja
- 1 taza de caldo de res bajo en sodio
- 1 taza de vino tinto
- 2 cucharaditas de sal

Ruta:

Sazone el bistec con sal, ajo y pimienta y reserve. Vierta el aceite en una sartén antiadherente y póngala a fuego medio-alto. Agrega la carne y sofríe hasta que se dore por todos lados. Ahora transfiera el rosbif a una olla de cocción lenta de 6 cuartos. Agrega la zanahoria, la cebolla, el romero y el apio a la olla. Cocine hasta que la cebolla y las verduras estén suaves.

Agrega los tomates y el vino a esta mezcla de verduras. Agrega la mezcla de caldo de res y tomate a la olla de cocción lenta junto con la mezcla de verduras. Tapar y cocinar a fuego lento durante 8 horas.

Cuando la carne esté cocida, retírala de la olla de cocción lenta y colócala sobre una tabla de cortar, luego envuélvela en papel de aluminio. Para espesar la salsa, transfiérala a una cacerola y cocine a fuego lento hasta que alcance la consistencia deseada. Deseche la grasa antes de servir.

Nutrientes (por 100 g): 260 calorías 6 g de grasa 8,7 g de carbohidratos 37,6 g de proteína 588 mg de sodio

Pastel de carne en olla de cocción lenta

Tiempo de preparación: 10 minutos
Hora de cocinar: 6 horas 10 minutos
Porciones: 8
Dificultad: Media

Ingredientes:

- 2 kilos de bisonte molido
- 1 calabacín rallado
- 2 huevos grandes
- Aceite en aerosol para cocinar según sea necesario
- 1 calabacín, picado
- ½ taza de perejil, fresco, picado
- ½ taza de queso parmesano rallado
- 3 cucharadas de vinagre balsámico
- 4 dientes de ajo rallados
- 2 cucharadas de cebolla picada
- 1 cucharada de orégano seco
- ½ cucharadita de pimienta negra molida
- ½ cucharadita de sal kosher
- Para la cobertura:
- ¼ taza de queso mozzarella rallado
- ¼ de taza de ketchup sin azúcar
- ¼ taza de perejil fresco picado

Ruta:

Cubra el interior de una olla de cocción lenta de seis cuartos con papel de aluminio. Rocíelo con aceite de cocina antiadherente.

En un tazón grande, combine bisonte molido o lomo extra magro, calabacín, huevo, perejil, vinagre balsámico, ajo, orégano seco, sal marina o kosher, cebolla seca finamente picada y pimienta negra molida.

Coloque esta mezcla en la olla de cocción lenta y forme una hogaza alargada. Tapar el fuego, ponerlo a fuego lento y cocinar durante 6 horas. Después de cocinar, abra la estufa y esparza ketchup por todo el pastel de carne.

Ahora coloca el queso encima del ketchup como una nueva capa y cierra la olla de cocción lenta. Deje reposar el pastel de carne sobre estas dos capas durante unos 10 minutos o hasta que el queso comience a derretirse. Adorne con perejil fresco y queso mozzarella rallado.

Nutrientes (por 100 g): 320 calorías 2 g de grasa 4 g de carbohidratos 26 g de proteína 681 mg de sodio

Carne de res mediterránea en olla de cocción lenta

Tiempo de preparación: 10 minutos
Tiempo de preparación: 13 horas
Porciones: 6
Dificultad: Media

Ingredientes:

- 3 libras de carne asada redonda superior sin grasa
- ½ cucharadita de cebolla en polvo
- ½ cucharadita de pimienta negra
- 3 tazas de caldo de res bajo en sodio
- 4 cucharaditas de mezcla de aderezo para ensalada
- 1 hoja de laurel
- 1 cucharada de ajo, finamente picado
- 2 pimientos rojos cortados en tiras finas
- 16 gramos de pepperoncino
- 8 rebanadas de Provolone Sargento, finas
- 2 gramos de pan sin gluten
- ½ cucharadita de sal
- Para sasonar:
- 1½ cucharadas de cebolla en polvo
- 1½ cucharadas de ajo en polvo
- 2 cucharadas de perejil seco

- 1 cucharada de estevia
- ½ cucharadita de tomillo seco
- 1 cucharada de orégano seco
- 2 cucharadas de pimienta negra
- 1 cucharada de sal
- 6 rebanadas de queso

Ruta:

Seca los asados con una toalla de papel. Mezcle la pimienta negra, la cebolla en polvo y la sal en un tazón pequeño y frote la mezcla sobre el asado. Coloque el asado sazonado en una olla de cocción lenta.

Agregue el caldo, la mezcla de aderezos para ensaladas, las hojas de laurel y el ajo a la olla de cocción lenta. Mezclar suavemente. Sellar y cocinar al vapor durante 12 horas. Después de hervir, retira la hoja de laurel.

Saca el filete frito y corta la carne en tiras. Vuelva a poner la carne desmenuzada y agregue el pimentón y. Agrega los pimientos y el pepperoncino a la olla de cocción lenta. Tapa la estufa y cocina a fuego lento durante 1 hora. Antes de servir, unte cada pan con 3 onzas de mezcla de carne. Unte una loncha de queso encima. La salsa líquida también se puede utilizar como salsa.

Nutrientes (por 100 g): 442 calorías 11,5 g de grasa 37 g de carbohidratos 49 g de proteína 735 mg de sodio

Cerdo asado mediterráneo

Tiempo de preparación: 10 minutos

Hora de cocinar: 8 horas 10 minutos

Porciones: 6

Dificultad: Media

Ingredientes:

- 2 cucharadas de aceite de oliva
- 2 kilos de cerdo asado
- ½ cucharadita de pimentón
- ¾ taza de caldo de pollo
- 2 cucharaditas de salvia seca
- ½ cucharada de ajo finamente picado
- ¼ cucharadita de mejorana seca
- ¼ cucharadita de romero seco
- 1 cucharadita de orégano
- ¼ cucharadita de tomillo seco
- 1 cucharadita de albahaca
- ¼ de cucharadita de sal kosher

Ruta:

Mezcle el caldo, el aceite, la sal y las especias en un tazón pequeño. Vierta aceite de oliva en una sartén y póngala a fuego medio-alto.

Agregue la carne de cerdo y cocine hasta que se dore por todos lados.

Después de asar, retire la carne de cerdo y perfórela con un cuchillo. Coloque el cerdo asado rayado en una olla de 6 cuartos. Ahora vierte el líquido en un tazón pequeño sobre todo el asado.

Selle la olla y cocine a fuego lento durante 8 horas. Después de cocinarlo, sácalo de la olla sobre una tabla de cortar y córtalo en trozos. Luego regresa la carne de cerdo desmenuzada a la olla. Cocine a fuego lento durante otros 10 minutos. Sirva con queso feta, pan pita y tomates.

Nutrientes (por 100 g): 361 calorías 10,4 g de grasa 0,7 g de carbohidratos 43,8 g de proteína 980 mg de sodio

pizza de bistec

Tiempo de preparación: 20 minutos
Hora de cocinar: 50 minutos
Porciones: 10
Dificultad: Difícil

Ingredientes:

- <u>Para la corteza:</u>
- 3 tazas de harina para todo uso
- 1 cucharada de azúcar
- 2¼ cucharaditas de levadura seca activa
- 1 cucharadita de sal
- 2 cucharadas de aceite de oliva
- 1 taza de agua tibia
- <u>Para la cobertura:</u>
- 1 kilo de carne molida
- 1 cebolla morada mediana, finamente picada
- 2 cucharadas de pasta de tomate
- 1 cucharada de comino molido
- Sal y pimienta negra molida, según sea necesario
- ¼ taza de agua
- 1 taza de espinacas frescas, picadas
- 8 gramos de corazones de alcachofa, en cuartos
- 4 gramos de champiñones frescos, rebanados

- 2 tomates, picados
- 4 gramos de queso feta, desmenuzado

Ruta:

Para la corteza:

Mezclar la harina, el azúcar, la levadura y la sal con una batidora equipada con un gancho para amasar. Agrega 2 cucharadas de aceite y agua tibia y amasa hasta obtener una masa suave y elástica.

Forma una bola con la masa y déjala reposar durante unos 15 minutos.

Coloque la masa sobre una superficie ligeramente enharinada y extiéndala formando un círculo. Coloque la masa en un molde para pizza redondo ligeramente engrasado y presione suavemente hasta que encaje. Reservar durante unos 10-15 minutos. Cubrir la base con un poco de aceite. Precalienta el horno a 400 grados F.

Para la cobertura:

Cocine la carne en una sartén antiadherente a fuego medio-alto durante unos 4-5 minutos. Agregue la cebolla y cocine durante unos 5 minutos, revolviendo con frecuencia. Agrega la pasta de tomate, el comino, la sal, la pimienta negra y el agua y mezcla.

Encienda el fuego a medio y cocine durante unos 5-10 minutos. Retirar del fuego y dejar de lado. Coloque la mezcla de carne sobre la base de la pizza y cubra con las espinacas, luego las alcachofas, los champiñones, los tomates y el queso feta.

Hornea hasta que el queso se derrita. Retirar del horno y dejar reposar durante unos 3-5 minutos antes de cortar. Cortar en rodajas del tamaño deseado y servir.

Nutrientes (por 100 g): 309 calorías 8,7 g de grasa 3,7 g de carbohidratos 3,3 g de proteína 732 mg de sodio

Albóndigas de ternera y bulgur

Tiempo de preparación: 20 minutos
Hora de cocinar: 28 minutos
Porciones: 6
Dificultad: Media

Ingredientes:

- ¾ taza de bulgur crudo
- 1 kilo de carne molida
- ¼ de taza de chalotes, finamente picados
- ¼ de taza de perejil fresco, finamente picado
- ½ cucharadita de pimienta de Jamaica molida
- ½ cucharadita de comino molido
- ½ cucharadita de canela molida
- ¼ cucharadita de hojuelas de pimiento rojo, partidas
- Sal, según sea necesario
- 1 cucharada de aceite de oliva

Ruta:

Remoje el bulgur en un recipiente grande con agua fría durante unos 30 minutos. Escurre bien el bulgur y luego exprímelo con las manos para eliminar el exceso de agua. En un procesador de alimentos, agregue el bulgur, la carne, las chalotas, el perejil, las especias, la sal y las legumbres hasta que quede suave.

Coloque la mezcla en un bol y refrigere, tapado, durante unos 30 minutos. Sácalo de la nevera y forma bolitas iguales con la carne. Calienta el aceite en una sartén grande a fuego medio-alto y fríe las albóndigas en 2 porciones durante aprox. 13-14 minutos, volteando con frecuencia. Servir caliente.

Nutrientes (por 100 g): 228 calorías 7,4 g de grasa 0,1 g de carbohidratos 3,5 g de proteína 766 mg de sodio

Deliciosa carne de res y brócoli

Tiempo de preparación: 10 minutos

Hora de cocinar: 15 minutos

Porciones: 4

Dificultad: Fácil

Ingredientes:

- 1 libra y ½. rebanada lateral
- 1 cucharada. aceite de oliva
- 1 cucharada. salsa tamari
- 1 taza de caldo de res
- 1 kilo de brócoli, floretes separados

Ruta:

Mezcle las tiras de carne con aceite y tamari, mezcle y reserve durante 10 minutos. Seleccione la olla instantánea en el modo para dorar, agregue las tiras de filete y dore durante 4 minutos por cada lado. Agrega el caldo, tapa la olla nuevamente y cocina a temperatura alta durante 8 minutos. Agregue el brócoli, cubra y cocine por otros 4 minutos a temperatura alta. Divida todo entre platos y sirva. ¡Disfrutar!

Nutrientes (por 100 g): 312 calorías 5 g de grasa 20 g de carbohidratos 4 g de proteína 694 mg de sodio

Chile De Maíz Con Carne

Tiempo de preparación: 8-10 minutos

Hora de cocinar: 30 minutos

Porciones: 8

Dificultad: Media

Ingredientes:

- 2 cebollas pequeñas, finamente picadas (finamente picadas)
- ¼ taza de maíz enlatado
- 1 cucharada de aceite
- 10 gramos de carne magra picada
- 2 chiles pequeños, cortados en cubitos

Ruta:

Enciende la olla instantánea. Haga clic en el botón "SALTEAR". Vierta el aceite y agregue la cebolla, el chile y la carne; cocine hasta que esté transparente y suave. Vierta 3 tazas de agua en la sartén; Mezclar bien.

Cerrar la tapa. Seleccione "CARNE/REBANADAS". Configure el cronómetro en 20 minutos. Déjalo cocinar hasta que el cronómetro llegue a cero.

Haga clic en el botón "CANCELAR" y luego en el botón "NPR" para lograr una presión de liberación natural de aprox. 8-10 minutos. Abrir y colocar el plato en una fuente para servir. Sirve.

Nutrientes (por 100 g): 94 calorías 5 g de grasa 2 g de carbohidratos 7 g de proteína 477 mg de sodio

Plato de bistec balsámico

Tiempo de preparación: 5 minutos
Hora de cocinar: 55 minutos
Porciones: 8
Dificultad: Media

Ingredientes:

- 3 libras de carne asada
- 3 dientes de ajo, en rodajas finas
- 1 cucharada de aceite
- 1 cucharadita de vinagre aromatizado
- ½ cucharadita de pimienta
- ½ cucharadita de romero
- 1 cucharada de mantequilla
- ½ cucharadita de tomillo
- ¼ de taza de vinagre balsámico
- 1 taza de caldo de res

Ruta:

Cortar rodajas en el asado y rellenar con dientes de ajo. Mezcle el vinagre aromatizado, el romero, la pimienta y el tomillo y frote la mezcla sobre el asado. Seleccione la olla para el modo Saltear, agregue el aceite y deje que se caliente. Freír ambos lados del asado.

Retirar y reservar. Agregue la mantequilla, el caldo y el vinagre balsámico y escurra la olla. Devuelva el asado, cierre la tapa y cocine a temperatura ALTA durante 40 minutos.

Realice una liberación rápida. ¡Servicio!

Nutrientes (por 100 g): 393 calorías 15 g de grasa 25 g de carbohidratos 37 g de proteína 870 mg de sodio

Filete con salsa de soja

Tiempo de preparación: 8 minutos
Hora de cocinar: 35 minutos
Porciones: 2-3
Dificultad: Media

Ingredientes:

- ½ cucharadita de caldo de res
- 1 ½ cucharaditas de romero
- ½ cucharadita de ajo finamente picado
- 2 kilos de carne asada
- 1/3 taza de salsa de soja

Ruta:

Combine la salsa de soja, el caldo, el romero y el ajo en un tazón.

Enciende la olla instantánea. Coloca las asadas y agrega suficiente agua para cubrir las asadas; revuelva suavemente para mezclar bien. Ciérrelo bien.

Haga clic en la función Cocción "CARNE/VAPOR"; establezca el nivel de presión en "ALTO" y establezca el tiempo de cocción en 35 minutos. Deje que aumente la presión para preparar los ingredientes. Cuando termine, haga clic en "CANCELAR" y luego haga clic en la función de cocción "NPR" para liberar la presión de forma natural.

Abre poco a poco la tapa y corta la carne en tiras. Vuelva a colocar la carne picada en la olla y mezcle bien. Colóquelo en tazones para servir. Servir caliente.

Nutrientes (por 100 g): 423 calorías 14 g de grasa 12 g de carbohidratos 21 g de proteína 884 mg de sodio

Filete de res al romero

Tiempo de preparación: 5 minutos
Hora de cocinar: 45 minutos
Porciones: 5-6
Dificultad: Media

Ingredientes:

- 3 libras de filete asado
- 3 dientes de ajo
- ¼ de taza de vinagre balsámico
- 1 ramita de romero fresco
- 1 ramita de tomillo fresco
- 1 taza de agua
- 1 cucharada de aceite vegetal
- Sal y pimienta para probar

Ruta:

Cortar el filete en rodajas y añadir los dientes de ajo. Frote con hierbas asadas, pimienta negra y sal. Precalienta la olla instantánea a temperatura marrón y vierte el aceite. Cuando esté caliente, agregue el bistec y cocine hasta que se dore por todos lados. Agrega el resto de los ingredientes; mezclar suavemente.

Cubra bien y cocine a temperatura alta durante 40 minutos en configuración manual. Deje que la reducción de presión se produzca de forma natural, aprox. 10 minutos. Cubra y coloque el bistec en platos para servir, córtelo y sirva.

Nutrientes (por 100 g): 542 calorías 11,2 g de grasa 8,7 g de carbohidratos 55,2 g de proteína 710 mg de sodio

Chuleta de cerdo y salsa de tomate

Tiempo de preparación: 10 minutos
Hora de cocinar: 20 minutos
Porciones: 4
Dificultad: Fácil

Ingredientes:

- 4 chuletas de cerdo, deshuesadas
- 1 cucharada de salsa de soja
- ¼ cucharadita de aceite de sésamo
- 1 y ½ tazas de puré de tomate
- 1 cebolla amarilla
- 8 champiñones, rebanados

Ruta:

Mezclar las chuletas de cerdo con la salsa de soja y el aceite de sésamo en un bol, mezclar y dejar reposar durante 10 minutos. Configure la olla instantánea en modo dorar, agregue las chuletas de cerdo y dore durante 5 minutos por cada lado. Agregue la cebolla y cocine por 1-2 minutos más. Agregue la pasta de tomate y los champiñones, revuelva, cubra y cocine a temperatura alta durante 8 a 9 minutos. Divida todo entre platos y sirva. ¡Disfrutar!

Nutrientes (por 100 g): 300 calorías 7 g de grasa 18 g de carbohidratos 4 g de proteína 801 mg de sodio

Pollo con salsa de alcaparras

Tiempo de preparación: 10 minutos

Hora de cocinar: 18 minutos

Porciones: 5

Dificultad: Difícil

Ingredientes:

- para pollo:
- 2 huevos
- Sal y pimienta negra molida, según sea necesario
- 1 taza de pan rallado seco
- 2 cucharadas de aceite de oliva
- 1½ libras de mitades de pechuga de pollo deshuesadas y sin piel, partidas en trozos de hasta ¾ de pulgada de grosor y cortadas en trozos
- Para la salsa de alcaparras:
- 3 cucharadas de alcaparras
- ½ taza de vino blanco seco
- 3 cucharadas de jugo de limón fresco
- Sal y pimienta negra molida, según sea necesario
- 2 cucharadas de perejil fresco, picado

Ruta:

Para el pollo: en un recipiente poco profundo, agrega los huevos, la sal y la pimienta negra y bate bien. Coloque el pan rallado en otro plato plano. Remoja los trozos de pollo en la mezcla de huevo y luego cúbrelos uniformemente con el pan rallado. Sacuda el exceso de pan rallado.

Calienta el aceite a fuego medio y fríe los trozos de pollo durante unos 5-7 minutos por cada lado o hasta que estén cocidos. Coloque los trozos de pollo en un plato forrado con toallas de papel con una espumadera. Cubre los trozos de pollo con un trozo de papel de aluminio para mantenerlos calientes.

Añade todos los ingredientes de la salsa, excepto el perejil, a la misma sartén y cocina durante aprox. durante 2-3 minutos, sin dejar de remover. Agrega el perejil y retira del fuego. Los trozos de pollo se sirven con salsa de alcaparras.

Nutrientes (por 100 g): 352 calorías 13,5 g de grasa 1,9 g de carbohidratos 1,2 g de proteína 741 mg de sodio

Hamburguesa de pavo con salsa de mango

Tiempo de preparación: 15 minutos

Hora de cocinar: 10 minutos

Porciones: 6

Dificultad: Fácil

Ingredientes:

- 1½ kilos de pechuga de pavo molida
- 1 cucharadita de sal marina, dividida
- ¼ de cucharadita de pimienta negra recién molida
- 2 cucharadas de aceite de oliva virgen extra
- 2 mangos, pelados, sin hueso y cortados en cubitos
- ½ cebolla morada, finamente picada
- Zumo de 1 lima
- 1 diente de ajo, finamente picado
- ½ chile jalapeño, sin semillas y picado
- 2 cucharadas de hojas de cilantro fresco picado

Ruta:

Forme 4 hamburguesas con la pechuga de pavo y sazone con ½ cucharadita de sal marina y pimienta. Calienta el aceite de oliva en una sartén antiadherente hasta que brille. Añade las hamburguesas de pavo y cocina ambos lados durante aprox. Hornee hasta que se dore en 5 minutos. Mientras se hornean las hamburguesas, combine el mango, la cebolla morada, el jugo de limón, el ajo, el jalapeño, el cilantro y la ½ cucharadita de sal marina restante en un tazón pequeño. Vierta la salsa sobre las hamburguesas de pavo y sirva.

Nutrientes (por 100 g): 384 calorías 3 g de grasa 27 g de carbohidratos 34 g de proteína 692 mg de sodio

Pechuga de pavo asada con hierbas

Tiempo de preparación: 15 minutos

Hora de cocinar: 1 hora y media (más 20 minutos de descanso)

Porciones: 6

Dificultad: Media

Ingredientes:

- 2 cucharadas de aceite de oliva virgen extra
- 4 dientes de ajo, finamente picados
- Ralladura de 1 limón
- 1 cucharada de hojas de tomillo fresco picado
- 1 cucharada de hojas de romero frescas picadas
- 2 cucharadas de hojas de perejil italiano fresco picado
- 1 cucharadita de mostaza molida
- 1 cucharadita de sal marina
- ¼ de cucharadita de pimienta negra recién molida
- 1 (6 libras) de pechuga de pavo con hueso y piel
- 1 taza de vino blanco seco

Ruta:

Precalienta el horno a 325°F. Mezcle el aceite de oliva, el ajo, la ralladura de limón, el tomillo, el romero, el perejil, la mostaza, la sal marina y la pimienta. Extienda la mezcla de hierbas uniformemente sobre la superficie de la pechuga de pavo, afloje la piel y frótela también debajo. Coloque la pechuga de pavo en una fuente para horno sobre una rejilla, con la piel hacia arriba.

Vierta el vino en la sartén. Ase durante 1 a 1,5 horas, hasta que el pavo alcance una temperatura interna de 165 F. Retirar del horno y dejar reposar durante 20 minutos, cubierto con papel de aluminio para mantenerlo caliente antes de cortarlo.

Nutrientes (por 100 g): 392 calorías 1 g de grasa 2 g de carbohidratos 84 g de proteína 741 mg de sodio

Salchicha de pollo y pimentón

Tiempo de preparación: 10 minutos
Hora de cocinar: 20 minutos
Porciones: 6
Dificultad: Media

Ingredientes:

- 2 cucharadas de aceite de oliva virgen extra
- 6 salchichas de pollo italianas
- 1 cebolla
- 1 pimiento rojo
- 1 pimiento verde
- 3 dientes de ajo, finamente picados
- ½ taza de vino blanco seco
- ½ cucharadita de sal marina
- ¼ de cucharadita de pimienta negra recién molida
- Una pizca de hojuelas de pimiento rojo

Ruta:

Freír el aceite de oliva en una sartén grande hasta que esté brillante. Agregue la salchicha y cocine, volteándola ocasionalmente, hasta que se dore y alcance una temperatura interna de 165 °F, de 5 a 7 minutos. Retire la salchicha de la sartén con unas pinzas y déjela a un lado en un plato forrado con papel de aluminio para mantenerla caliente.

Regrese la olla al fuego y agregue la cebolla, el pimiento rojo y el pimiento verde. Cocine, revolviendo ocasionalmente, hasta que las verduras comiencen a dorarse. Agrega el ajo y cocina por 30 segundos, revolviendo constantemente.

Agregue el vino, la sal marina, la pimienta y las hojuelas de pimiento rojo. Saque y doble los trozos dorados del fondo de la sartén. Cocine a fuego lento durante unos 4 minutos más, revolviendo, hasta que el líquido se reduzca a la mitad. Vierte el pimentón sobre las salchichas y sirve.

Nutrientes (por 100 g): 173 calorías 1 g de grasa 6 g de carbohidratos 22 g de proteína 582 mg de sodio

pollo Piccata

Tiempo de preparación: 10 minutos

Hora de cocinar: 15 minutos

Porciones: 6

Dificultad: Media

Ingredientes:

- ½ taza de harina integral
- ½ cucharadita de sal marina
- 1/8 cucharadita de pimienta negra recién molida
- 1½ kilos de pechuga de pollo, cortada en 6 partes
- 3 cucharadas de aceite de oliva virgen extra
- 1 taza de caldo de pollo sin sal
- ½ taza de vino blanco seco
- Jugo de 1 limón
- Ralladura de 1 limón
- ¼ de taza de alcaparras, escurrir y enjuagar
- ¼ taza de hojas de perejil fresco picado

Ruta:

En un recipiente plano, mezcle la harina, la sal marina y la pimienta. Pasar el pollo por la harina y sacudir el exceso. Cocine el aceite de oliva hasta que se dore.

Agrega el pollo y cocina ambos lados durante aprox. Hornee hasta que se dore en 4 minutos. Saque el pollo de la sartén, cúbralo con papel de aluminio, manténgalo caliente y reserve.

Regrese la sartén al fuego y agregue el caldo, el vino, el jugo de limón, la ralladura de limón y las alcaparras. Usando el lado de una cuchara, doble los trozos dorados del fondo de la sartén. Cocine a fuego lento hasta que el líquido espese. Retire la sartén del fuego y devuelva el pollo a la sartén. Vuélvete a la piel. Agrega el perejil y sirve.

Nutrientes (por 100 g): 153 calorías 2 g de grasa 9 g de carbohidratos 8 g de proteína 692 mg de sodio

Una sartén de pollo toscano

Tiempo de preparación: 10 minutos

Hora de cocinar: 25 minutos

Porciones: 6

Dificultad: Difícil

Ingredientes:

- ¼ de taza de aceite de oliva virgen extra, cantidad dividida
- 1 libra de pechuga de pollo deshuesada y sin piel, cortada en trozos de ¾ de pulgada
- 1 cebolla, picada
- 1 pimiento rojo, picado
- 3 dientes de ajo, finamente picados
- ½ taza de vino blanco seco
- 1 lata (14 onzas) de tomates triturados, escurridos
- 1 lata (14 onzas) de tomates cortados en cubitos, escurridos
- 1 lata (14 onzas) de frijoles blancos, escurridos
- 1 cucharada de condimento italiano seco
- ½ cucharadita de sal marina
- 1/8 cucharadita de pimienta negra recién molida
- 1/8 cucharadita de hojuelas de pimiento rojo
- ¼ de taza de hojas de albahaca fresca picadas

Ruta:

Cocine 2 cucharadas de aceite de oliva hasta que brille. Agrega el pollo y fríe hasta que se dore. Retire el pollo de la olla y déjelo a un lado en un plato forrado con papel de aluminio para mantenerlo caliente.

Regresa la sartén al fuego y calienta el aceite de oliva restante. Agrega la cebolla y el pimiento rojo. Cocine, revolviendo ocasionalmente, hasta que las verduras estén suaves. Agrega el ajo y cocina por 30 segundos, revolviendo constantemente.

Agregue el vino y use el lado de una cuchara para raspar los trozos dorados del fondo de la sartén. Cocine por 1 minuto, revolviendo.

Mezcle los tomates triturados y picados, los frijoles blancos, el condimento italiano, la sal marina, la pimienta y las hojuelas de pimiento rojo. Déjalo hervir. Cocine por 5 minutos, revolviendo ocasionalmente.

Devuelva el pollo y los jugos que se hayan acumulado en la sartén. Cocine hasta que el pollo esté tierno. Antes de servir, retirar del fuego y agregar la albahaca.

Nutrientes (por 100 g): 271 calorías 8 g de grasa 29 g de carbohidratos 14 g de proteína 596 mg de sodio

pollo kapama

Tiempo de preparación: 10 minutos
Tiempo de preparación: 2 horas
Porciones: 4
Dificultad: Media

Ingredientes:

- 1 lata (32 onzas) de tomates cortados en cubitos, escurridos
- ¼ de taza de vino blanco seco
- 2 cucharadas de pasta de tomate
- 3 cucharadas de aceite de oliva virgen extra
- ¼ cucharadita de hojuelas de pimiento rojo
- 1 cucharadita de pimienta de Jamaica molida
- ½ cucharadita de orégano seco
- 2 dientes enteros
- 1 rama de canela
- ½ cucharadita de sal marina
- 1/8 cucharadita de pimienta negra recién molida
- 4 mitades de pechuga de pollo deshuesadas y sin piel

Ruta:

Combine los tomates, el vino, la pasta de tomate, el aceite de oliva, las hojuelas de pimiento rojo, la pimienta de Jamaica, el orégano, el clavo, la rama de canela, la sal marina y la pimienta en una cacerola grande. Déjalo hervir, revolviendo ocasionalmente. Cocine a fuego lento durante 30 minutos, revolviendo ocasionalmente. Retire y deseche los dientes enteros y la rama de canela de la salsa y déjelos enfriar.

Precalienta el horno a 350°F. Coloque el pollo en una fuente para hornear de 9 por 13 pulgadas. Vierte la salsa sobre el pollo y cubre la sartén con papel de aluminio. Continúe horneando hasta alcanzar una temperatura interna de 165 °F.

Nutrientes (por 100 g): 220 calorías 3 g de grasa 11 g de carbohidratos 8 g de proteína 923 mg de sodio

Pechuga de pollo rellena de espinacas y queso feta

Tiempo de preparación: 10 minutos
Hora de cocinar: 45 minutos
Porciones: 4
Dificultad: Media

Ingredientes:

- 2 cucharadas de aceite de oliva virgen extra
- 1 kilo de espinacas tiernas frescas
- 3 dientes de ajo, finamente picados
- Ralladura de 1 limón
- ½ cucharadita de sal marina
- 1/8 cucharadita de pimienta negra recién molida
- ½ taza de queso feta desmenuzado
- 4 pechugas de pollo deshuesadas y sin piel

Ruta:

Precalienta el horno a 350°F. Cocine el aceite de oliva a fuego medio hasta que brille. Agrega las espinacas. Continúe cocinando y revolviendo hasta que se ablanden.

Agrega el ajo, la ralladura de limón, la sal marina y la pimienta. Cocine por 30 segundos, revolviendo constantemente. Dejar enfriar un poco y mezclar con el queso.

Extienda la mezcla de espinacas y queso de manera uniforme sobre los trozos de pollo y envuelva la pechuga alrededor del relleno. Manténgalo cerrado con un palillo o hilo de carnicero. Coloque las pechugas en una fuente para hornear de 9 por 13 pulgadas y ase durante 30 a 40 minutos, o hasta que la temperatura interna del pollo alcance los 165 °F. Retirar del horno y dejar reposar durante 5 minutos antes de cortar y servir.

Nutrientes (por 100 g): 263 calorías 3 g de grasa 7 g de carbohidratos 17 g de proteína 639 mg de sodio

Muslos de pollo al horno al romero

Tiempo de preparación: 5 minutos
Tiempo de preparación: 1 hora
Porciones: 6
Dificultad: Fácil

Ingredientes:

- 2 cucharadas de hojas de romero frescas picadas
- 1 cucharadita de ajo en polvo
- ½ cucharadita de sal marina
- 1/8 cucharadita de pimienta negra recién molida
- Ralladura de 1 limón
- 12 muslos de pollo

Ruta:

Precalienta el horno a 350°F. Mezcla el romero, el ajo en polvo, la sal marina, la pimienta y la ralladura de limón.

Coloque los muslos en una fuente para hornear de 9 por 13 pulgadas y espolvoree con la mezcla de romero. Cocine hasta que la temperatura interna del pollo alcance los 165°F.

Nutrientes (por 100 g): 163 calorías 1 g de grasa 2 g de carbohidratos 26 g de proteína 633 mg de sodio

Pollo con cebolla, patatas, higos y zanahorias.

Tiempo de preparación: 5 minutos

Hora de cocinar: 45 minutos

Porciones: 4

Dificultad: Media

Ingredientes:

- 2 tazas de papas, cortadas a la mitad
- 4 higos frescos en cuartos
- 2 zanahorias, finamente picadas
- 2 cucharadas de aceite de oliva virgen extra
- 1 cucharadita de sal marina, dividida
- ¼ de cucharadita de pimienta negra recién molida
- 4 cuartos de muslo de pollo
- 2 cucharadas de hojas de perejil fresco picado

Ruta:

Precalienta el horno a 425°F. En un tazón pequeño, mezcle las papas, los higos y las zanahorias con aceite de oliva, ½ cucharadita de sal marina y pimienta. Extiéndalo en un molde de 9 por 13 pulgadas.

Sazone el pollo con la sal marina restante. Colocar encima de las verduras. Cocine hasta que las verduras estén tiernas y el pollo alcance una temperatura interna de 165°F. Espolvorea con perejil y sirve.

Nutrientes (por 100 g): 429 calorías 4 g de grasa 27 g de carbohidratos 52 g de proteína 581 mg de sodio

Pollo Gyros con Tzatziki

Tiempo de preparación: 15 minutos

Hora de cocinar: 1 hora 20 minutos

Porciones: 6

Dificultad: Media

Ingredientes:

- 1 kilo de pechuga de pollo picada
- 1 cebolla morada, rallada y exprimida con el exceso de agua
- 2 cucharadas de romero seco
- 1 cucharada de mejorana seca
- 6 dientes de ajo, finamente picados
- ½ cucharadita de sal marina
- ¼ de cucharadita de pimienta negra recién molida
- Salsa tzatziki

Ruta:

Precalienta el horno a 350°F. Mezcle el pollo, la cebolla, el romero, la mejorana, el ajo, la sal marina y la pimienta en un procesador de alimentos. Revuelve hasta que la mezcla forme una pasta. Alternativamente, puedes mezclar bien estos ingredientes en un bol (ver consejos de preparación).

Presione la mezcla en un molde para pan. Hornee hasta que alcance una temperatura interna de 165 grados. Retirar del horno y dejar reposar durante 20 minutos antes de cortar.

Corta el gyro en rodajas y vierte la salsa tzatziki encima.

Nutrientes (por 100 g): 289 calorías 1 g de grasa 20 g de carbohidratos 50 g de proteína 622 mg de sodio

Musaka

Tiempo de preparación: 10 minutos
Hora de cocinar: 45 minutos
Porciones: 8
Dificultad: Difícil

Ingredientes:

- 5 cucharadas de aceite de oliva virgen extra, dividido
- 1 berenjena cortada en rodajas (sin pelar)
- 1 cebolla, picada
- 1 pimiento verde, sin semillas y picado
- 1 kilo de pavo molido
- 3 dientes de ajo, finamente picados
- 2 cucharadas de pasta de tomate
- 1 lata (14 onzas) de tomates cortados en cubitos, escurridos
- 1 cucharada de condimento italiano
- 2 cucharaditas de salsa inglesa
- 1 cucharadita de orégano seco
- ½ cucharadita de canela molida
- 1 taza de yogur griego natural sin azúcar y sin grasa
- 1 huevo batido
- ¼ de cucharadita de pimienta negra recién molida
- ¼ cucharadita de nuez moscada molida
- ¼ taza de queso parmesano rallado
- 2 cucharadas de hojas de perejil fresco picado

Ruta:

Precalienta el horno a 400°F. Cocine 3 cucharadas de aceite de oliva hasta que brille. Agrega las rodajas de berenjena y sofríe durante 3-4 minutos por cada lado. Escurrir sobre una toalla de papel.

Vuelve a poner la olla al fuego y vierte las 2 cucharadas restantes de aceite de oliva. Agrega la cebolla y el pimiento verde. Continúe cocinando hasta que las verduras estén suaves. Remueve de la sartén y pon a un lado.

Retire la sartén del fuego y agregue el pavo. Cocine durante unos 5 minutos, rompiendo con una cuchara, hasta que se dore. Agrega el ajo y cocina por 30 segundos, revolviendo constantemente.

Agregue la pasta de tomate, los tomates, el condimento italiano, la salsa inglesa, el orégano y la canela. Regrese la cebolla y el pimiento a la sartén. Cocine por 5 minutos mientras revuelve. Mezclar el yogur, el huevo, la pimienta, la nuez moscada y el queso.

Coloque la mitad de la mezcla de carne en una fuente para hornear de 9 por 13 pulgadas. Coloque la mitad de la berenjena en capas. Agrega el resto de la mezcla de carne y la berenjena restante. Untar con la mezcla de yogur. Hornee hasta que esté dorado. Adorne con perejil y sirva.

Nutrientes (por 100 g): 338 calorías 5 g de grasa 16 g de carbohidratos 28 g de proteína 569 mg de sodio

Solomillo de cerdo Dijon y hierbas

Tiempo de preparación: 10 minutos

Hora de cocinar: 30 minutos

Porciones: 6

Dificultad: Media

Ingredientes:

- ½ taza de hojas frescas de perejil italiano, finamente picadas
- 3 cucharadas de hojas frescas de romero, picadas
- 3 cucharadas de hojas frescas de tomillo, finamente picadas
- 3 cucharadas de mostaza Dijon
- 1 cucharada de aceite de oliva virgen extra
- 4 dientes de ajo, finamente picados
- ½ cucharadita de sal marina
- ¼ de cucharadita de pimienta negra recién molida
- 1 (1½ libra) de lomo de cerdo

Ruta:

Precalienta el horno a 400°F. Mezcle el perejil, el romero, el tomillo, la mostaza, el aceite de oliva, el ajo, la sal marina y la pimienta. Procese durante unos 30 segundos hasta que quede suave. Extienda la masa uniformemente sobre la carne de cerdo y colóquela en una bandeja para hornear forrada.

Cocine hasta que la carne alcance una temperatura interna de 140 grados. Retirar del horno y dejar reposar durante 10 minutos antes de cortar y servir.

Nutrientes (por 100 g): 393 calorías 3 g de grasa 5 g de carbohidratos 74 g de proteína 697 mg de sodio

Filete con salsa de champiñones al vino tinto

Tiempo de preparación: minutos más 8 horas para el decapado

Hora de cocinar: 20 minutos

Porciones: 4

Dificultad: Difícil

Ingredientes:

- <u>Para guiso y bistec</u>
- 1 taza de vino tinto seco
- 3 dientes de ajo, finamente picados
- 2 cucharadas de aceite de oliva virgen extra
- 1 cucharada de salsa de soja baja en sodio
- 1 cucharada de tomillo seco
- 1 cucharadita de mostaza Dijon
- 2 cucharadas de aceite de oliva virgen extra
- 1 a 1½ libras de filete de falda, plancha o filete de tres puntas
- <u>Para la salsa de champiñones</u>
- 2 cucharadas de aceite de oliva virgen extra
- 1 kilo de champiñones cremini cortados en cuartos
- ½ cucharadita de sal marina
- 1 cucharadita de tomillo seco
- 1/8 cucharadita de pimienta negra recién molida

- 2 dientes de ajo, finamente picados
- 1 taza de vino tinto seco

Ruta:

Para hacer adobos y filetes.

En un tazón pequeño, mezcle el vino, el ajo, el aceite de oliva, la salsa de soja, el tomillo y la mostaza. Vierta en una bolsa con cierre y agregue el bistec. Coloque el bistec en el refrigerador para marinar durante 4-8 horas. Retire el filete de la marinada y séquelo con toallas de papel.

Calienta el aceite de oliva en una sartén grande hasta que brille.

Colocar el filete y cocinar durante aprox. 4 minutos por lado, hasta que ambos lados estén profundamente dorados y el bistec alcance una temperatura interna de 140°F. Retira el filete de la olla y colócalo en un plato forrado con papel de aluminio para mantenerlo caliente mientras preparas la salsa de champiñones.

Cuando la salsa de champiñones esté lista, corte el filete en rodajas de ½ pulgada a lo largo de la fibra.

Para preparar la salsa de champiñones

Calienta el aceite en la misma sartén a fuego medio-alto. Agrega los champiñones, la sal marina, el tomillo y la pimienta. Cocine durante unos 6 minutos, revolviendo muy raramente, hasta que los champiñones se doren.

Saltear el ajo. Agregue el vino y use el lado de una cuchara de madera para raspar los trozos dorados del fondo de la sartén. Cocine hasta que la cantidad de líquido se reduzca a la mitad. Vierta los champiñones sobre el bistec y sirva.

Nutrientes (por 100 g): 405 calorías 5 g de grasa 7 g de carbohidratos 33 g de proteína 842 mg de sodio

albóndigas griegas

Tiempo de preparación: 20 minutos
Hora de cocinar: 25 minutos
Porciones: 4
Dificultad: Media

Ingredientes:

- 2 rebanadas de pan grueso
- 1¼ libras de pavo molido
- 1 huevo
- ¼ taza de pan rallado integral sazonado
- 3 dientes de ajo, finamente picados
- ¼ de cebolla morada rallada
- ¼ de taza de hojas de perejil italiano fresco picado
- 2 cucharadas de hojas de menta fresca picadas
- 2 cucharadas de hojas de orégano fresco picadas
- ½ cucharadita de sal marina
- ¼ de cucharadita de pimienta negra recién molida

Ruta:

Precalienta el horno a 350°F. Coloca papel de hornear o papel de aluminio en la bandeja. Pasar el pan por agua para humedecerlo y exprimir el exceso. Corte el pan húmedo en trozos pequeños y colóquelo en un tazón mediano.

Agrega el pavo, el huevo, el pan rallado, el ajo, la cebolla morada, el perejil, la menta, el orégano, la sal marina y la pimienta. Mezclar bien. Forme bolitas de ¼ de taza con la mezcla. Coloque las albóndigas en la bandeja preparada y hornee por unos 25 minutos o hasta que la temperatura interna alcance los 165°F.

Nutrientes (por 100 g): 350 calorías 6 g de grasa 10 g de carbohidratos 42 g de proteína 842 mg de sodio

Cordero con frijoles

Tiempo de preparación: 10 minutos
Tiempo de preparación: 1 hora
Porciones: 6
Dificultad: Difícil

Ingredientes:

- ¼ de taza de aceite de oliva virgen extra, cantidad dividida
- 6 chuletas de cordero, recortadas para obtener más grasa
- 1 cucharadita de sal marina, dividida
- ½ cucharadita de pimienta negra recién molida
- 2 cucharadas de pasta de tomate
- 1½ tazas de agua tibia
- 1 kilo de judías verdes, peladas y partidas por la mitad transversalmente
- 1 cebolla, picada
- 2 tomates, picados

Ruta:

Calienta 2 cucharadas de aceite de oliva en una sartén grande hasta que brille. Sazone las chuletas de cordero con ½ cucharadita de sal marina y 1/8 de cucharadita de pimienta. Freír el cordero en aceite caliente durante unos 4 minutos por cada lado hasta que se dore por ambos lados. Coloca la carne en un plato y reserva.

Regrese la sartén al fuego y agregue las 2 cucharadas restantes de aceite de oliva. Calentar hasta que brille.

Derrita la pasta de tomate en agua caliente en un bol. Agregue a la sartén caliente junto con las judías verdes, la cebolla, el tomate y la ½ cucharadita restante de sal marina y ¼ de cucharadita de pimienta. Deje hervir a fuego lento, usando el costado de una cuchara para raspar los trozos dorados del fondo de la sartén.

Devuelve las chuletas de cordero a la sartén. Llevar a ebullición y reducir el fuego a medio-bajo. Cocine a fuego lento durante 45 minutos hasta que los frijoles estén tiernos, agregando más agua si es necesario para ajustar el espesor de la salsa.

Nutrientes (por 100 g): 439 calorías 4 g de grasa 10 g de carbohidratos 50 g de proteína 745 mg de sodio

Pollo en salsa de tomate y balsámico

Tiempo de preparación: 10 minutos

Hora de cocinar: 20 minutos

Porciones: 4

Dificultad: Media

Ingredientes

- 2 (8 oz o 226,7 g) pechugas de pollo deshuesadas y sin piel
- ½ cucharadita sal
- ½ cucharadita Pimienta molida
- 3 cucharadas. aceite de oliva virgen extra
- ½ taza de tomates cherry partidos por la mitad
- 2 cucharadas. cebollines en rodajas
- ¼ taza vinagre balsámico
- 1 cucharada. ajo finamente picado
- 1 cucharada. semillas de hinojo tostadas, trituradas
- 1 cucharada. manteca

Ruta:

Corta la pechuga de pollo en 4 trozos y machácala con un mazo hasta que tenga ¼ de pulgada de grosor. Use ¼ de cucharadita de pimienta y sal para cubrir el pollo. Calienta dos cucharadas de aceite en una sartén y mantenlo a fuego medio. Freír las pechugas de pollo durante tres minutos por cada lado. Colocar en un plato y cubrir con papel de aluminio para mantener el calor.

Añade una cucharada de aceite, las chalotas y los tomates a una sartén y cocina hasta que estén tiernos. Agrega el vinagre y deja hervir hasta que el vinagre se reduzca a la mitad. Agrega las semillas de hinojo, el ajo, la sal y la pimienta y cocina durante unos cuatro minutos. Retirar del fuego y agregar la mantequilla. Vierte esta salsa sobre el pollo y sirve.

Nutrientes (por 100 g): 294 calorías 17 g de grasa 10 g de carbohidratos 2 g de proteína 639 mg de sodio

Ensalada de arroz integral, queso feta, guisantes frescos y menta

Tiempo de preparación: 10 minutos

Hora de cocinar: 25 minutos

Porciones: 4

Dificultad: Fácil

Ingredientes:

- 2 c) arroz integral
- 3 c) agua
- Sal
- 5 onzas o 141,7 g de queso feta desmenuzado
- 2 c) guisantes hervidos
- ½ taza de menta picada, fresca
- 2 cucharadas. aceite de oliva
- Sal pimienta

Ruta:

Poner el arroz integral, el agua y la sal en una cacerola a fuego medio, tapar y llevar a ebullición. Reduzca el fuego y cocine hasta que el agua se haya disuelto y el arroz esté suave pero masticable. Déjalo enfriar por completo

Agregue el queso feta, los guisantes, la menta, el aceite de oliva, la sal y la pimienta a una ensaladera con el arroz enfriado y revuelva para combinar. ¡Servir y disfrutar!

Nutrientes (por 100 g): 613 calorías 18,2 g de grasa 45 g de carbohidratos 12 g de proteína 755 mg de sodio

Pan de pita integral relleno de aceitunas y garbanzos

Tiempo de preparación: 10 minutos
Hora de cocinar: 20 minutos
Porciones: 2
Dificultad: Media

Ingredientes:

- 2 bolsitas de pita integral
- 2 cucharadas. aceite de oliva
- 2 dientes de ajo, picados
- 1 cebolla, picada
- ½ cucharadita el comino
- 10 aceitunas negras, picadas
- 2 c) garbanzos hervidos
- Sal pimienta

Ruta:

Corta los bolsillos de la pita y reserva. Enciende el fuego a medio y coloca una sartén en su lugar. Agrega el aceite de oliva y calienta. Agrega el ajo, la cebolla y el comino a la sartén caliente y revuelve hasta que la cebolla esté suave y el comino fragante. Agrega las aceitunas, los garbanzos, la sal y la pimienta y revuelve hasta que los garbanzos estén dorados.

Retiramos la sartén del fuego y trituramos los garbanzos con una cuchara de madera de forma que una parte quede intacta y la otra quede triturada. Calienta las flores de pita en el microondas, el horno o en una sartén limpia sobre la estufa.

¡Rellénalas con la mezcla de garbanzos y a disfrutar!

Nutrientes (por 100 g): 503 calorías 19 g de grasa 14 g de carbohidratos 15,7 g de proteína 798 mg de sodio

Zanahorias asadas con nueces y frijoles cannellini

Tiempo de preparación: 10 minutos
Hora de cocinar: 45 minutos
Porciones: 4
Dificultad: Media

Ingredientes:

- 4 zanahorias peladas, finamente picadas
- 1 c) nueces
- 1 cucharada. Miel
- 2 cucharadas. aceite de oliva
- 2 latas de frijoles cannellini, escurridos
- 1 ramita de tomillo fresco
- Sal pimienta

Ruta:

Configure el horno a 400 F/204 C y forre una bandeja para hornear o molde con papel pergamino. Coloca las zanahorias y las nueces en la bandeja o sartén forrada. Rocíe aceite de oliva y miel sobre las zanahorias y las nueces, luego frote todo para cubrirlo todo. Extiende las judías en la bandeja y añádelas a las zanahorias y las nueces.

Agrega el tomillo y espolvorea todo con sal y pimienta, coloca la bandeja en el horno y hornea por 40 minutos aproximadamente.

Servir y disfrutar

Nutrientes (por 100 g): 385 calorías 27 g de grasa 6 g de carbohidratos 18 g de proteína 859 mg de sodio

Pollo con mantequilla especiada

Tiempo de preparación: 10 minutos

Hora de cocinar: 25 minutos

Porciones: 4

Dificultad: Media

Ingredientes:

- ½ taza crema batida dura
- 1 cucharada. Sal
- ½ taza de caldo de huesos
- 1 cucharada. Pimienta
- 4 cucharadas Manteca
- 4 medias pechugas de pollo

Ruta:

Coloca la sartén en la estufa a fuego medio y agrega una cucharada de mantequilla. Cuando la mantequilla esté caliente y derretida, agrega el pollo y cocina durante cinco minutos por cada lado. Al final de este tiempo, el pollo debe estar bien cocido y dorado; si es así, ponlo en un plato.

Luego agrega el caldo de huesos a la sartén caliente. Agregue la crema espesa, sal y pimienta. Luego deja la cacerola hasta que la salsa empiece a hervir. Deje que este proceso continúe durante cinco minutos para espesar la salsa.

Finalmente, devuelve el resto de la mantequilla y el pollo a la sartén. Asegúrate de usar una cuchara para verter la salsa sobre el pollo y sofocarlo por completo. Sirve

Nutrientes (por 100 g): 350 calorías 25 g de grasa 10 g de carbohidratos 25 g de proteína 869 mg de sodio

Pollo con tocino y doble queso

Tiempo de preparación: 10 minutos

Hora de cocinar: 30 minutos

Porciones: 4

Dificultad: Fácil

Ingredientes:

- 4 onzas. o 113 g de queso crema
- 1 c. Queso cheddar
- 8 tiras de tocino
- Sal marina
- Pimienta
- 2 dientes de ajo, finamente picados
- Pechuga de pollo
- 1 cucharada. Grasa de tocino o mantequilla

Ruta:

Precalienta el horno a 400 F/204 C Corta las pechugas de pollo por la mitad para que queden finas.

Sazone con sal, pimienta y ajo. Engrasa una fuente refractaria con mantequilla y coloca en ella la pechuga de pollo. Coloca el queso crema y el queso cheddar encima de las pechugas.

Agrega las rodajas de tocino y coloca el molde en el horno durante 30 minutos. Servir caliente

Nutrientes (por 100 g): 610 calorías 32 g de grasa 3 g de carbohidratos 38 g de proteína 759 mg de sodio

Camarones con limón y pimienta

Tiempo de preparación: 10 minutos

Hora de cocinar: 10 minutos

Porciones: 4

Dificultad: Fácil

Ingredientes:

- 40 camarones desvenados, pelados
- 6 dientes de ajo finamente picados
- Sal y pimienta negra
- 3 cucharadas. aceite de oliva
- ¼ cucharadita pimienta dulce
- Una pizca de hojuelas de pimiento rojo molido
- ¼ cucharadita cáscara de limón rallada
- 3 cucharadas. Jerez u otro vino
- 1½ cucharada. cebollino en rodajas
- Jugo de 1 limón

Ruta:

Pon el fuego a medio y coloca una sartén en su lugar.

Agrega el aceite y los camarones, espolvorea con pimienta y sal y fríe por 1 minuto. Agrega el pimentón, el ajo y las hojuelas de pimienta y sofríe durante 1 minuto. Agregue con cuidado el jerez y cocine por un minuto más.

Retirar los camarones del fuego, agregar el cebollino y la ralladura de limón, mezclar y colocar en platos. Agrega el jugo de limón y sirve.

Nutrientes (por 100 g): 140 calorías 1 g de grasa 5 g de carbohidratos 18 g de proteína 694 mg de sodio

Fletán empanizado y sazonado

Tiempo de preparación: 5 minutos

Hora de cocinar: 25 minutos

Porciones: 4

Dificultad: Fácil

Ingredientes:

- ¼ taza cebollino fresco picado
- ¼ taza de eneldo fresco picado
- ¼ cucharadita pimienta negro
- ¾ de pan rallado panko
- 1 cucharada. aceite de oliva virgen extra
- 1 cucharadita. cáscara de limón finamente rallada
- 1 cucharadita. sal marina
- 1/3 taza de perejil fresco picado
- 4 (6 oz o 170 g) filetes de fletán

Ruta:

En un bol mediano, mezcla el aceite de oliva y el resto de los ingredientes excepto los filetes de fletán y el pan rallado.

Coloque los filetes de fletán en la mezcla y deje marinar durante 30 minutos. Precalienta el horno a 204 C. Coloque el papel de aluminio en una bandeja para hornear y cúbralo con aceite en aerosol. Sumerge los filetes en el pan rallado y colócalos en la bandeja para hornear. Llevar al horno por 20 minutos y servir tibio.

Nutrientes (por 100 g): 667 calorías 24,5 g de grasa 2 g de carbohidratos 54,8 g de proteína 756 mg de sodio

Salmón al curry con mostaza

Tiempo de preparación: 10 minutos

Hora de cocinar: 20 minutos

Porciones: 4

Dificultad: Fácil

Ingredientes:

- ¼ cucharadita pimiento rojo molido o chile en polvo
- ¼ cucharadita cúrcuma, molida
- ¼ cucharadita sal
- 1 cucharadita. Miel
- ¼ cucharadita Polvo de ajo
- 2 cucharaditas mostaza de grano entero
- 4 (6 oz o 170 g) filetes de salmón

Ruta:

En un bol mezclar la mostaza y el resto de ingredientes, excepto el salmón. Precalienta el horno a 350 F/176 C. Engrase una bandeja para hornear con aceite en aerosol. Coloque el salmón con la piel hacia abajo en una bandeja para hornear y extienda la mezcla de mostaza uniformemente sobre los filetes. Coloque en el horno y hornee durante 10-15 minutos o hasta que esté escamoso.

Nutrientes (por 100 g): 324 calorías 18,9 g de grasa 1,3 g de carbohidratos 34 g de proteína 593 mg de sodio

Salmón con costra de nueces y romero

Tiempo de preparación: 10 minutos

Hora de cocinar: 25 minutos

Porciones: 4

Dificultad: Media

Ingredientes:

- 1 libra o 450 g de filetes de salmón sin piel congelados
- 2 cucharaditas mostaza de Dijon
- 1 diente de ajo, finamente picado
- ¼ cucharadita cáscara de limón
- ½ cucharadita Miel
- ½ cucharadita sal kosher
- 1 cucharadita. romero recién cortado
- 3 cucharadas. migas de pan Panko
- ¼ cucharadita pimienta roja molida
- 3 cucharadas. nueces picadas
- 2 cucharaditas aceite de oliva virgen extra

Ruta:

Precalienta el horno a 420 F/215 C y cubre una bandeja para hornear con borde con papel pergamino. Mezcle la mostaza, la ralladura de limón, el ajo, el jugo de limón, la miel, el romero, el pimiento rojo triturado y la sal. En otro bol mezcla las nueces, el panko y 1 cucharadita de aceite. Coloca papel de horno en la bandeja para hornear y coloca el salmón encima.

Unte la mezcla de mostaza sobre el pescado y luego esparza la mezcla de panko sobre el pescado. Rocíe una fina capa de aceite de oliva restante sobre el salmón. Hornee durante unos 10 a 12 minutos o hasta que el salmón se deshaga con un tenedor. Servir caliente

Nutrientes (por 100 g): 222 calorías 12 g de grasa 4 g de carbohidratos 0,8 g de proteína 812 mg de sodio

Espaguetis rápidos con tomate

Tiempo de preparación: 10 minutos

Hora de cocinar: 25 minutos

Porciones: 4

Dificultad: Media

Ingredientes:

- 8 oz. o 226,7 g de espaguetis
- 3 cucharadas. aceite de oliva
- 4 dientes de ajo, rebanados
- 1 jalapeño, rebanado
- 2 c) tomates cherry
- Sal pimienta
- 1 cucharadita. vinagre balsámico
- ½ taza parmesano rallado

Ruta:

Hierva una olla grande con agua a fuego medio. Agrega una pizca de sal y deja hervir, luego agrega los espaguetis. Déjalo hervir durante 8 minutos. Mientras se cocina la pasta, calienta el aceite en una sartén y agrega el ajo y el jalapeño. Cocine por 1 minuto más, luego agregue los tomates, la pimienta y la sal.

Cocine durante 5-7 minutos hasta que la piel del tomate se agriete.

Agrega vinagre y retira del fuego. Escurrir bien los espaguetis y mezclar con la salsa de tomate. Espolvorea con queso y sirve inmediatamente.

Nutrientes (por 100 g): 298 calorías 13,5 g de grasa 10,5 g de carbohidratos 8 g de proteína 749 mg de sodio

Queso frito con chile orégano

Tiempo de preparación: 10 minutos

Hora de cocinar: 25 minutos

Porciones: 4

Dificultad: Fácil

Ingredientes:

- 8 oz. o 226,7 g de queso feta
- 4 onzas. o 113 g de mozzarella, desmenuzada
- 1 chile en rodajas
- 1 cucharadita. Orégano seco
- 2 cucharadas. aceite de oliva

Ruta:

Coloque el queso feta en una fuente pequeña ignífuga. Unte la parte superior con mozzarella, sazone con rodajas de pimiento y orégano. cubre la sartén. Hornee en horno precalentado a 350 F/176 C durante 20 minutos. Sirve el queso y disfruta.

Nutrientes (por 100 g): 292 calorías 24,2 g de grasa 5,7 g de carbohidratos 2 g de proteína 733 mg de sodio

311. Pollo italiano crujiente

Tiempo de preparación: 10 minutos

Hora de cocinar: 30 minutos

Porciones: 4

Dificultad: Fácil

Ingredientes:

- 4 muslos de pollo
- 1 cucharadita. albahaca seca
- 1 cucharadita. Orégano seco
- Sal pimienta
- 3 cucharadas. aceite de oliva
- 1 cucharada. vinagre balsámico

Ruta:

Sazone bien el pollo con albahaca y orégano. Utiliza una sartén, agrega aceite y calienta. Agrega el pollo al aceite caliente. Freír ambos lados durante 5 minutos hasta que estén dorados, luego tapar la sartén.

Encienda el fuego a medio y cocine por 10 minutos por un lado, luego voltee el pollo unas cuantas veces y cocine por otros 10 minutos hasta que esté crujiente. Sirve el pollo y disfruta.

Nutrientes (por 100 g): 262 calorías 13,9 g de grasa 11 g de carbohidratos 32,6 g de proteína 693 mg de sodio

Muffins de pizza de quinua

Tiempo de preparación: 15 minutos

Hora de cocinar: 30 minutos

Porciones: 4

Dificultad: Fácil

Ingredientes:

- 1 taza de quinua cruda
- 2 huevos grandes
- ½ cebolla mediana, picada
- 1 taza de pimiento morrón cortado en cubitos
- 1 taza de queso mozzarella rallado
- 1 cucharada de albahaca seca
- 1 cucharada de orégano seco
- 2 cucharaditas de ajo en polvo
- 1/8 cucharadita de sal
- 1 cucharadita de pimiento rojo molido
- ½ taza de pimiento rojo asado, picado*
- Salsa para pizza, aproximadamente 1-2 tazas

Ruta:

Precalienta el horno a 350oF. Cocina la quinua según las instrucciones. Mezclar todos los ingredientes (excepto la salsa) en un bol. Mezcla todos los ingredientes bien.

Vierta la mezcla de pizza de quinua de manera uniforme en el molde para muffins. Rinde 12 muffins. Hornee por 30 minutos hasta que los muffins estén dorados y los bordes crujientes.

¡Cubra con 1 o 2 cucharadas de salsa para pizza y disfrute!

Nutrientes (por 100 g): 303 calorías 6,1 g de grasa 41,3 g de carbohidratos 21 g de proteína 694 mg de sodio

Pan de nueces y romero

Tiempo de preparación: 5 minutos

Hora de cocinar: 45 minutos

Porciones: 8

Dificultad: Difícil

Ingredientes:

- ½ taza de nueces picadas
- 4 cucharadas de romero fresco picado
- 1 1/3 tazas de agua con gas tibia
- 1 cucharada de miel
- ½ taza de aceite de oliva virgen extra
- 1 cucharadita de vinagre de manzana
- 3 huevos
- 5 cucharaditas de gránulos de levadura seca instantánea
- 1 cucharadita de sal
- 1 cucharada de goma xantana
- ¼ taza de suero de leche
- 1 taza de harina de arroz blanco
- 1 taza de almidón de tapioca
- 1 taza de almidón de arrurruz
- 1 ¼ tazas de mezcla de harina multiuso sin gluten Bob's Red Mill

Ruta:

Batir bien los huevos en un tazón grande. Agrega 1 taza de agua tibia, miel, aceite de oliva y vinagre.

Agrega el resto de los ingredientes, excepto el romero y las nueces, sin dejar de remover.

Sigue golpeando. Si la masa está demasiado dura, mézclala con un poco de agua tibia. La masa debe quedar esponjosa y espesa.

Luego agrega el romero y las nueces y continúa amasando hasta distribuir uniformemente.

Cubre el bol con la masa con una toalla limpia, colócalo en un lugar cálido y déjalo reposar durante 30 minutos.

Quince minutos después del tiempo de subida, precalienta el horno a 400oF.

Engrasa una cacerola de 2 litros con aceite de oliva y precalienta el horno sin tapa.

Cuando la masa haya subido, retiramos el molde del horno y añadimos la masa. Extienda la parte superior de la masa uniformemente en el molde con una espátula húmeda.

Unte la parte superior del pan con 2 cucharadas de aceite de oliva, cubra la olla y hornee durante 35 a 45 minutos. Cuando el pan esté listo, sácalo del horno. Y retiramos con cuidado el pan de la sartén. Deje que el pan se enfríe durante al menos diez minutos antes de cortarlo. Servir y disfrutar.

Nutrientes (por 100 g): 424 calorías 19 g de grasa 56,8 g de carbohidratos 7 g de proteína 844 mg de sodio

Delicioso Panini Cangrejero

Tiempo de preparación: 5 minutos

Hora de cocinar: 10 minutos

Porciones: 4

Dificultad: Fácil

Ingredientes:

- 1 cucharada de aceite de oliva
- El pan francés se parte y se corta en diagonal.
- 1 libra de cangrejos
- ½ taza de apio
- ¼ de taza de cebollas verdes picadas
- 1 cucharadita de salsa inglesa
- 1 cucharadita de jugo de limón
- 1 cucharada de mostaza Dijon
- ½ taza de mayonesa ligera

Ruta:

En un tazón mediano, mezcle el apio, la cebolla, la inglesa, el jugo de limón, la mostaza y la mayonesa. Sazone con sal y pimienta al gusto. Luego agrega con cuidado las almendras y el cangrejo.

Unte el lado rebanado del pan con aceite de oliva y unte con la mezcla de cangrejo antes de cubrir con otra rebanada de pan.

Asa el sándwich en una prensa Panini hasta que el pan esté crujiente y acanalado.

Nutrientes (por 100 g): 248 calorías 10,9 g de grasa 12 g de carbohidratos 24,5 g de proteína 845 mg de sodio

Pizza y pasteles perfectos.

Tiempo de preparación: 35 minutos

Hora de cocinar: 15 minutos

Porciones: 10

Dificultad: Difícil

Ingredientes:

- <u>Para la masa de pizza:</u>
- 2 cucharaditas de miel
- 1/4 oz. Levadura activa seca
- 11/4 tazas de agua caliente (aproximadamente 120°F)
- 2 cucharadas de aceite de oliva
- 1 cucharadita de sal marina
- 3 tazas de harina integral + 1/4 taza, necesaria para enrollar
- <u>Para la cobertura de pizza:</u>
- 1 taza de salsa pesto
- 1 taza de corazones de alcachofa
- 1 taza de hojas de espinaca marchitas
- 1 taza de tomates secados al sol
- 1/2 taza de aceitunas Kalamata
- 4 onzas. queso feta
- 4 onzas. queso mixto a partes iguales de mozzarella baja en grasa, asiago y provolone aceite de oliva
- <u>Ingredientes opcionales:</u>

- Pimenton
- Pechuga de pollo, tiras Albahaca fresca
- piñones

Ruta:

Para la masa de pizza:

Precalienta el horno a 350°F.

Mezcla la miel y la levadura con el agua tibia en la batidora. Revuelve la mezcla hasta que esté completamente combinada. Deja reposar la mezcla durante 5 minutos para asegurar la actividad de la levadura por la aparición de burbujas en la superficie.

Vierta el aceite de oliva. Agrega la sal y revuelve durante medio minuto. Agregue gradualmente 3 tazas de harina, aproximadamente media taza a la vez, revolviendo durante unos minutos mientras mezcla.

Deje que el procesador amase durante 10 minutos hasta que quede suave y elástico, espolvoreando con harina si es necesario para evitar que la masa se pegue a la superficie del tazón del procesador.

Retire la pasta del bol. Déjalo actuar durante 15 minutos, cubierto con una toalla húmeda y tibia.

Estirar la masa hasta que tenga medio centímetro de espesor y espolvorear con harina según sea necesario. Pinche la masa al azar con un tenedor para evitar que la corteza burbujee.

Coloque la masa enrollada y perforada sobre una piedra para pizza o una bandeja para hornear. Hornee por 5 minutos.

Para la cobertura de pizza:

Unte una fina capa de aceite de oliva sobre la masa de pizza horneada.

Vierta sobre la salsa pesto y extiéndala uniformemente sobre la superficie de la masa de pizza, dejando un espacio de media pulgada alrededor del borde de la base.

Cubra la pizza con corazones de alcachofa, hojas de espinaca marchitas, tomates secados al sol y aceitunas. (Puede agregar más ingredientes encima si lo desea). Cubra la parte superior con queso.

Coloque la pizza directamente sobre la rejilla del horno. Hornea por 10 minutos hasta que el queso burbujee y se derrita desde el centro hasta el final. Deje que la pizza se enfríe durante 5 minutos antes de cortarla.

Nutrientes (por 100 g): 242,8 calorías 15,1 g de grasa 15,7 g de carbohidratos 14,1 g de proteína 942 mg de sodio

Margherita modelo mediterráneo

Tiempo de preparación: 15 minutos

Hora de cocinar: 15 minutos

Porciones: 10

Dificultad: Difícil

Ingredientes:

- 1 lote de masa para pizza
- 2 cucharadas de aceite de oliva
- 1/2 taza de tomates triturados
- 3 tomates Roma, cortados en rodajas de 1/4 de pulgada de grosor
- 1/2 taza de hojas de albahaca fresca, en rodajas finas
- 6 onzas. bloquee la mozzarella, córtela en rodajas de 1/4 de pulgada y luego séquela con toallas de papel
- 1/2 cucharadita de sal marina

Ruta:

Precalienta el horno a 450°F.

Unte ligeramente la masa de pizza con aceite de oliva. Extienda los tomates triturados de manera uniforme sobre la masa de pizza, dejando un espacio de media pulgada alrededor del borde de la base.

Cubra la pizza con rodajas de tomate Roma, hojas de albahaca y rodajas de mozzarella. Sal la pizza.

Coloque la pizza directamente sobre la rejilla del horno. Hornee hasta que el queso se derrita desde el centro hasta la corteza. Reservar antes de cortar.

Nutrientes (por 100 g): 251 calorías 8 g de grasa 34 g de carbohidratos 9 g de proteína 844 mg de sodio

Piezas de picnic empaquetadas portátiles

Tiempo de preparación: 5 minutos

Hora de cocinar: 0 minutos

Porciones: 1

Dificultad: Fácil

Ingredientes:

- 1 rebanada de pan integral, cortada en trozos pequeños
- 10 tomates cherry
- 1/4 oz. queso añejo, en rodajas
- 6 aceitunas marinadas en aceite

Ruta:

Empaque los ingredientes individuales en un recipiente portátil para comidas para llevar.

Nutrientes (por 100 g): 197 calorías 9 g de grasa 22 g de carbohidratos 7 g de proteína 499 mg de sodio

Frittata rellena de jugosa crema de calabacín y tomate

Tiempo de preparación: 10 minutos

Hora de cocinar: 15 minutos

Porciones: 4

Dificultad: Fácil

Ingredientes:

- 8 huevos
- 1/4 cucharadita de pimiento rojo, triturado
- 1/4 cucharadita de sal
- 1 cucharada de aceite de oliva
- 1 calabacín pequeño, cortado en rodajas finas a lo largo
- 1/2 taza de tomates cherry rojos o amarillos, cortados por la mitad
- 1/3 taza de nueces, picadas en trozos grandes
- 2 onzas. bolitas de mozzarella fresca del tamaño de un bocado (bocconcini)

Ruta:

Precalienta el asador. Mientras tanto, bata el huevo, el pimiento rojo triturado y la sal en un tazón mediano. Ponlo a un lado.

En una sartén apta para parrilla de 10 pulgadas, caliente el aceite de oliva a fuego medio-alto. Coloque las rodajas de calabaza en una capa uniforme en el fondo de la fuente para hornear. Cocine durante 3 minutos, volteando una vez a la mitad de la cocción.

Extienda los tomates cherry encima de la capa de calabacín. Vierta la mezcla de huevo sobre las verduras en la sartén. Decora la parte superior con nueces y bolitas de mozzarella.

Llevar a fuego medio. Cocine hasta que los lados comiencen a endurecerse. Con una espátula, levante la frittata para que las partes cocidas de la mezcla de huevo floten debajo.

Coloque la sartén en la parrilla. Hornea la frittata a 4 cm del fuego durante 5 minutos, hasta que la parte superior esté suave. Al servir, corta la frittata en rodajas.

Nutrientes (por 100 g): 284 calorías 14 g de grasa 4 g de carbohidratos 17 g de proteína 788 mg de sodio

Pan de crema agria de plátano

Tiempo de preparación: 10 minutos

Hora de cocinar: 1 hora 10 minutos

Porciones: 32

Dificultad: Media

Ingredientes:

- azúcar blanca (0,25 taza)
- canela (1 cucharadita + 2 cucharaditas)
- Mantequilla (0,75)
- azúcar blanca (3 tazas)
- huevos (3)
- Plátanos muy maduros, triturados (6)
- Crema agria (envase de 16 oz)
- extracto de vainilla (2 cucharaditas)
- sal (0,5 cucharadita)
- bicarbonato de sodio (3 cucharaditas)
- Harina para todo uso (4,5 tazas)
- Opcional: nueces picadas (1 taza)
- También se necesita: molde para pan de 4-7 x 3 pulgadas

Ruta:

Pon el horno a 300 grados Fahrenheit. Engrasar los moldes de pan.

Tamiza el azúcar y una cucharadita de canela. Espolvorea la sartén con la mezcla.

Mezclar la mantequilla con el resto del azúcar. Tritura el plátano con los huevos, la canela, la vainilla, la crema agria, la sal, el bicarbonato y la harina. Al final añade las nueces.

Vierta la mezcla en los moldes. Hornea por una hora. Sirve

Nutrientes (por 100 g): 263 calorías 10,4 g de grasa 9 g de carbohidratos 3,7 g de proteína 633 mg de sodio

pan de pita casero

Tiempo de preparación: 15 minutos

Hora de cocinar: 5 horas (incluido el tiempo de elevación)

Porciones: 7

Dificultad: Difícil

Ingredientes:

- Levadura seca (0,25 oz.)
- azúcar (0,5 cucharadita)
- Harina para pan/mezcla de trigo integral y para todo uso (2,5 tazas y más para espolvorear)
- sal (0,5 cucharadita)
- Agua (0,25 taza o según sea necesario)
- aceite según sea necesario

Ruta:

Disuelva la levadura y el azúcar en ¼ de taza de agua tibia en un tazón pequeño. Espera unos 15 minutos (estará listo cuando haga espuma).

Tamiza la harina y la sal en otro bol. Hacer un agujero en el centro y agregar la mezcla de levadura (+) una taza de agua. Amasar la masa.

Colocar sobre una superficie ligeramente enharinada y amasar.

Agrega una gota de aceite al fondo de un tazón grande y enrolla la masa para cubrir la superficie.

Coloque un paño de cocina húmedo sobre la bandeja de pasta. Envuelva el bol en un paño húmedo y déjelo en un lugar cálido durante al menos dos horas o toda la noche. (La masa duplicará su tamaño).

Amasar la masa, amasar el pan y dividirlo en bolitas. Aplana las bolas hasta formar discos ovalados gruesos.

Espolvorea un paño de cocina con harina y coloca encima las rodajas ovaladas, dejando suficiente espacio entre ellas para que se expandan. Espolvoreamos con harina y colocamos otro paño limpio encima. Déjelo reposar durante una o dos horas más.

Ponga el horno a 425 grados Fahrenheit. Coloca algunas bandejas en el horno para que se calienten brevemente. Engrasa la bandeja caliente con aceite y coloca encima las rebanadas de pan ovaladas.

Espolvorea ligeramente los óvalos con agua y cocina hasta que estén ligeramente dorados o durante seis a ocho minutos.

Sírvelos mientras estén calientes. Coloque los panes planos sobre una rejilla y envuélvalos en un paño limpio y seco para mantenerlos suaves más tarde.

Nutrientes (por 100 g): 210 calorías 4 g de grasa 6 g de carbohidratos 6 g de proteína 881 mg de sodio

Sándwich de pan plano

Tiempo de preparación: 10 minutos

Hora de cocinar: 20 minutos

Porciones: 6

Dificultad: Fácil

Ingredientes:

- aceite de oliva (1 cucharada)
- Pilaf de 7 granos (paquete de 8,5 oz)
- Pepinos ingleses sin semillas (1 taza)
- Tomates con semillas (1 taza)
- Feta desmenuzado (0,25 taza)
- Jugo de limón fresco (2 cucharadas)
- Pimienta negra recién molida (0,25 cucharaditas)
- Hummus regular (envase de 7 oz)
- Paquete de pan plano blanco integral (3 de 2.8 oz cada uno)

Ruta:

Cocine el pilaf según las instrucciones del paquete y déjelo enfriar.

Picar y mezclar los tomates, el pepino, el queso, el aceite, la pimienta y el jugo de limón. Incorpora el pilaf.

Haz wraps con hummus por un lado. Agrega el pilaf y dobla.

Cortar en sándwiches y servir.

Nutrientes (por 100 g): 310 calorías 9 g de grasa 8 g de carbohidratos 10 g de proteína 745 mg de sodio

Plato mezze con pan Zaatar Pita tostado

Tiempo de preparación: 10 minutos

Hora de cocinar: 10 minutos

Porciones: 4

Dificultad: Media

Ingredientes:

- Rondas de pita integral (4)
- aceite de oliva (4 cucharadas)
- Zaatar (4 cucharaditas)
- yogur griego (1 taza)
- Pimienta negra y sal kosher (al gusto)
- Hummus (1 taza)
- Corazones de alcachofa marinados (1 taza)
- Aceitunas surtidas (2 tazas)
- Pimiento rojo asado en rodajas (1 taza)
- Tomates cherry (2 tazas)
- Salami (4 onzas)

Ruta:

Use fuego medio-alto para calentar una sartén grande.

Unte ligeramente ambos lados del pan de pita con aceite y agregue el zaatar para condimentar.

Lo preparamos al detalle colocando el pita en una sartén y tostándolo hasta que se dore. Debería tardar unos dos minutos por cada lado. Corta cada pita en cuartos.

Sazona el yogur con pimienta y sal.

Para armar, corte las papas por la mitad y agregue hummus, yogur, corazones de alcachofa, aceitunas, pimientos rojos, tomates y salami.

Nutrientes (por 100 g): 731 calorías 48 g de grasa 10 g de carbohidratos 26 g de proteína 632 mg de sodio

Mini shawarma de pollo

Tiempo de preparación: 10 minutos
Hora de cocinar: 1 hora 15 minutos
Porciones: 8
Dificultad: Fácil

Ingredientes:

- <u>El pollo:</u>
- Pollo Tierno (1 libra)
- aceite de oliva (0,25 taza)
- Piel y zumo de limón (1)
- comino (1 cucharadita)
- Ajo en polvo (2 cucharaditas)
- Pimentón ahumado (0,5 cucharaditas)
- cilantro (0,75 cucharadita)
- Pimienta negra recién molida (1 cucharadita)
- <u>La salsa:</u>
- Yogur griego (1,25 tazas)
- Jugo de limón (1 cucharada)
- Dientes de ajo rallados (1)
- Eneldo recién picado (2 cucharadas)
- Pimienta negra (0,125 tk/al gusto)
- Sal kosher (opcional)
- Perejil fresco picado (0,25 taza)
- cebolla morada (1 mitad)

- lechuga romana (4 hojas)
- Pepino inglés (1 mitad)
- tomate (2)
- Mini pan de pita (16)

Ruta:

Mezcle el pollo en una bolsa con cierre hermético. Batir el caldo de pollo y ponerlo en la bolsa para marinar hasta por una hora.

Prepara la salsa mezclando el jugo, el ajo y el yogur en un bol. Agrega el eneldo, el perejil, la pimienta y la sal. Ponlo en el refrigerador.

Calienta una sartén a fuego medio. Retire el pollo de la marinada (deje que escurra el exceso).

Cocine hasta que esté listo, o unos cuatro minutos por cada lado. Cortar en tiras grandes adecuadas.

Cortar el pepino y la cebolla en rodajas finas. Picar la lechuga y picar los tomates. Ensamble y agregue al pan pita: pollo, lechuga, cebolla, tomate y pepino.

Nutrientes (por 100 g): 216 calorías 16 g de grasa 9 g de carbohidratos 9 g de proteína 745 mg de sodio

pizza de berenjena

Tiempo de preparación: 10 minutos
Hora de cocinar: 30 minutos
Porciones: 6
Dificultad: Media

Ingredientes:

- Berenjenas (1 grande o 2 medianas)
- aceite de oliva (0,33 taza)
- Pimienta negra y sal (al gusto)
- Salsa Marinara: comprada en la tienda/hecha en casa (1,25 tazas)
- queso mozzarella rallado (1,5 tazas)
- Tomates cherry (2 tazas, cortados por la mitad)
- Hojas de albahaca picadas (0,5 taza)

Ruta:

Precalienta el horno a 400 grados Fahrenheit. Prepara la bandeja con una capa de papel de horno.

Corta los extremos de la berenjena y córtala en rodajas de ¾ de pulgada. Coloca las rodajas en la bandeja preparada y unta ambos lados con aceite de oliva. Espolvorea con pimienta y sal al gusto.

Hornea la berenjena hasta que esté blanda (10-12 minutos).

Retire la bandeja del horno y vierta dos cucharadas de salsa encima de cada porción. Cubra con mozzarella y de tres a cinco tomates.

Hornea hasta que el queso se derrita. Los tomates deberían formar ampollas después de unos cinco a siete minutos.

Retire la bandeja del horno. Servir y decorar con albahaca.

Nutrientes (por 100 g): 257 calorías 20 g de grasa 11 g de carbohidratos 8 g de proteína 789 mg de sodio

Pizza integral mediterránea

Tiempo de preparación: 10 minutos
Hora de cocinar: 25 minutos
Porciones: 4
Dificultad: Fácil

Ingredientes:

- Base de pizza integral (1)
- Pesto de albahaca (frasco de 4 oz)
- Corazones de alcachofa (0,5 taza)
- Aceitunas Kalamata (2 cucharadas)
- Pepperoncini (2 cucharadas escurridas)
- Queso feta (0,25 taza)

Ruta:

Programe el horno a 450 grados Fahrenheit.

Escurre la alcachofa y córtala en trozos. Cortar/picar los pepperoncini y las aceitunas.

Coloque la bandeja para pizza sobre una superficie de trabajo enharinada y cúbrala con pesto. Coloca las alcachofas, las rodajas de pepperoncini y las aceitunas encima de la pizza. Por último, desmenuza y añade el queso feta.

Hornee durante 10-12 minutos. Sirve.

Nutrientes (por 100 g): 277 calorías 18,6 g de grasa 8 g de carbohidratos 9,7 g de proteína 841 mg de sodio

Horneado de espinacas y queso feta pita

Tiempo de preparación: 5 minutos
Hora de cocinar: 22 minutos
Porciones: 6
Dificultad: Difícil

Ingredientes:

- Pesto de tomates secados al sol (tarro de 6 oz)
- Roma - tomates pera (2 trozos cortados en trozos pequeños)
- Pan pita integral (seis de 6 pulgadas)
- Espinacas (1 manojo)
- Champiñones (4 rodajas)
- queso parmesano rallado (2 cucharadas)
- Queso feta desmenuzado (0,5 taza)
- aceite de oliva (3 cucharadas)
- Pimienta negra (al gusto)

Ruta:

Pon el horno a 350 grados Fahrenheit.

Unte el pesto en un lado de cada pan de pita y colóquelo en una bandeja para hornear (con el pesto hacia arriba).

Lavar y picar las espinacas. Ponemos encima de las pitas espinacas, champiñones, tomates, queso feta, pimiento, queso parmesano, pimienta y un chorrito de aceite.

Hornee en horno caliente hasta que el pan de pita esté crujiente (12 minutos). Divide la pita en cuatro cuartos.

Nutrientes (por 100 g): 350 calorías 17,1 g de grasa 9 g de carbohidratos 11,6 g de proteína 712 mg de sodio

Feta de sandía y pizza balsámica

Tiempo de preparación: 10 minutos

Hora de cocinar: 15 minutos

Porciones: 4

Dificultad: Fácil

Ingredientes:

- Sandía (1 pulgada de grosor desde el centro)
- Queso feta desmenuzado (1 oz.)
- Aceitunas Kalamata en rodajas (5-6)
- Hojas de menta (1 cucharadita)
- Glaseado balsámico (0,5 cucharadas)

Ruta:

Corta la parte más ancha de la sandía por la mitad. Luego corta cada mitad en cuatro rodajas.

Sirva en un molde para pastel redondo como una pizza redonda y cubra con aceitunas, queso, hojas de menta y glaseado.

Nutrientes (por 100 g): 90 calorías 3 g de grasa 4 g de carbohidratos 2 g de proteína 761 mg de sodio

Hamburguesas picantes mixtas

Tiempo de preparación: 10 minutos

Hora de cocinar: 30 minutos

Porciones: 6

Dificultad: Media

Ingredientes:

- Cebolla mediana (1)
- Perejil fresco (3 cucharadas)
- dientes de ajo (1)
- pimienta de Jamaica molida (0,75 cucharaditas)
- pimienta (0,75 cucharadita)
- Nuez moscada molida (0,25 cucharadita)
- canela (0,5 cucharadita)
- sal (0,5 cucharadita)
- menta fresca (2 cucharadas)
- 90 % carne molida magra (1,5 libras)
- Opcional: salsa tzatziki fría

Ruta:

Picar el perejil, la menta, el ajo y la cebolla en trozos pequeños.

Agregue la nuez moscada, la sal, la canela, la pimienta, la pimienta de Jamaica, el ajo, la menta, el perejil y la cebolla.

Agregue la carne y haga seis (6) albóndigas alargadas de 2x4 pulgadas.

Utilice la temperatura media para asar las hamburguesas o cocínelas a 4 cm del fuego durante 6 minutos por cada lado.

Cuando estén listos, un termómetro para carnes registrará 160 grados Fahrenheit. Sirva con salsa al gusto.

Nutrientes (por 100 g): 231 calorías 9 g de grasa 10 g de carbohidratos 32 g de proteína 811 mg de sodio

Prosciutto - Ensalada - Sándwich de tomate y aguacate

Tiempo de preparación: 10 minutos
Hora de cocinar: 10 minutos
Porciones: 4
Dificultad: Fácil

Ingredientes:

- Prosciutto (2 oz/8 rebanadas finas)
- Aguacate maduro (1 cortado por la mitad)
- lechuga romana (4 hojas enteras)
- tomates maduros grandes (1)
- Rebanadas de pan integral o integral (8)
- Pimienta negra y sal kosher (0,25 cucharaditas)

Ruta:

Corte las hojas de lechuga en ocho trozos (en total). Corta los tomates en ocho rodajas. Tuesta el pan y colócalo en un plato.

Quite la pulpa de la piel del aguacate y colóquela en un tazón. Espolvorear ligeramente con sal y pimienta. Batir o triturar con cuidado el aguacate hasta que esté cremoso. Untarlo sobre el pan.

Haz un sandwich. Toma una rebanada de tostada de aguacate; cubra con una hoja de lechuga, una rodaja de prosciutto y una rodaja de tomate. Coloca encima otra rodaja de tomate para ensalada y continúa.

Repita el proceso hasta que se acaben todos los ingredientes.

Nutrientes (por 100 g): 240 calorías 9 g de grasa 8 g de carbohidratos 12 g de proteína 811 mg de sodio

pastel de espinacas

Tiempo de preparación: 10 minutos
Hora de cocinar: 60 minutos
Porciones: 6
Dificultad: Media

Ingredientes:

- mantequilla derretida (0,5 taza)
- Espinacas congeladas (paquete de 10 oz)
- Perejil fresco (0,5 taza)
- Cebolla verde (0,5 taza)
- Eneldo fresco (0,5 taza)
- Queso feta desmenuzado (0,5 taza)
- queso crema (4 onzas)
- Requesón (4 onzas)
- Parmesano (2 cucharadas rallado)
- huevos grandes (2)
- Sal y pimienta para probar)
- Pasta filo (40 hojas)

Ruta:

Precalienta el horno a 350° Fahrenheit.

Picar la cebolla, el eneldo y el perejil en trozos pequeños. Descongela las espinacas y las láminas de pasta. Exprimir y secar las espinacas.

Mezcle las espinacas, las cebolletas, los huevos, el queso, el perejil, el eneldo, la pimienta y la sal en una licuadora hasta que estén cremosos.

Prepare pequeños triángulos de masa filo llenándolos con una cucharadita de la mezcla de espinacas.

Unte con mantequilla ligeramente el exterior de los triángulos y colóquelos con la costura hacia abajo en una bandeja para hornear sin engrasar.

Colóquelo en el horno precalentado para hornear hasta que esté dorado y esponjoso (20-25 minutos). Servir caliente.

Nutrientes (por 100 g): 555 calorías 21,3 g de grasa 15 g de carbohidratos 18,1 g de proteína 681 mg de sodio

Hamburguesa de pollo grasienta

Tiempo de preparación: 10 minutos

Hora de cocinar: 30 minutos

Porciones: 6

Dificultad: Media

Ingredientes:

- ¼ de taza de mayonesa baja en grasa
- ¼ taza de pepino picado
- ¼ cucharadita de pimienta negra
- 1 cucharadita de ajo en polvo
- ½ taza de pimiento rojo dulce asado picado
- ½ cucharadita de condimento griego
- 1,5 libras de pollo molido magro
- 1 taza de queso feta desmenuzado
- 6 panes integrales para hamburguesa

Ruta:

Precalienta la parrilla en el horno. Mezclar mayonesa y pepino. Ponlo a un lado.

Para las hamburguesas, mezcla las especias y el pimiento rojo. Mezclar bien el pollo y el queso. Forme hamburguesas con la mezcla de 6 ½ pulgadas de grosor.

Cocine la hamburguesa en una parrilla, colocándola a unas cuatro pulgadas de la fuente de calor. Cocine hasta que un termómetro registre 165 grados Fahrenheit.

Sirva con panecillos y salsa de pepino. Adorne con tomates y lechuga al gusto y sirva.

Nutrientes (por 100 g): 356 calorías 14 g de grasa 10 g de carbohidratos 31 g de proteína 691 mg de sodio

Para tacos de cerdo asado

Tiempo de preparación: 10 minutos

Hora de cocinar: 1 hora 15 minutos

Porciones: 6

Dificultad: Media

Ingredientes:

- Cerdo asado (£ 4)
- Chiles verdes cortados en cubitos (lata de 2 a 4 oz)
- Chile en polvo (0,25 taza)
- orégano seco (1 cucharadita)
- Condimento para tacos (1 cucharadita)
- Ajo (2 cucharaditas)
- Sal (1,5 cucharaditas o al gusto)

Ruta:

Pon el horno a 300 grados Fahrenheit.

Coloque el asado encima de una hoja grande de papel de aluminio.

Escurrir el chile. Picar finamente el ajo.

Mezcle el chile verde, el condimento para tacos, el chile en polvo, el orégano y el ajo. Frote la mezcla sobre el asado y cubra con una capa de papel de aluminio.

Coloque la carne de cerdo envuelta encima de una bandeja para hornear para sellar.

Hornee en el horno caliente durante 3,5 a 4 horas hasta que se deshaga. Cocine hasta que el centro alcance al menos 145 grados Fahrenheit cuando se pruebe con un termómetro para carnes (temperatura interna).

Transfiera el asado a una tabla de cortar para desmenuzarlo con dos tenedores. Sazone al gusto.

Nutrientes (por 100 g): 290 calorías 17,6 g de grasa 12 g de carbohidratos 25,3 g de proteína 471 mg de sodio

Manzana italiana - pastel de aceite de oliva

Tiempo de preparación: 10 minutos
Hora de cocinar: 1 hora 10 minutos
Porciones: 12
Dificultad: Media

Ingredientes:

- Manzanas gala (2 grandes)
- Jugo de naranja - para remojar manzanas
- Harina para todo uso (3 tazas)
- Canela molida (0,5 cucharaditas)
- Nuez moscada (0,5 cucharaditas)
- polvo para hornear (1 cucharadita)
- bicarbonato de sodio (1 cucharadita)
- azúcar (1 taza)
- aceite de oliva (1 taza)
- huevos grandes (2)
- Pasas doradas (0,66 taza)
- Azúcar glas - para espolvorear
- También se necesita: sartén de 9 pulgadas

Ruta:

Pelar la manzana y picarla finamente. Espolvorea las manzanas con suficiente jugo de naranja para evitar que se doren.

Remojar las pasas en agua tibia durante 15 minutos y luego escurrir bien.

Tamizar el bicarbonato, la harina, la levadura, la canela y la nuez moscada. Déjalo a un lado por ahora.

Vierta el aceite de oliva y el azúcar en el bol de una batidora de mano. Mezcle a fuego lento durante 2 minutos o hasta que esté bien combinado.

Mezclar mientras conduce, romper los huevos uno por uno y continuar mezclando durante 2 minutos. El volumen de la mezcla debería aumentar; debe quedar espeso, no líquido.

Mezcla todos los ingredientes bien. Hacer un hueco en medio de la mezcla de harina y agregar la mezcla de aceitunas y azúcar.

Retire el exceso de jugo de las manzanas y escurra las pasas remojadas. Agregue a la masa, mezcle bien.

Prepara la fuente para horno con papel de horno. Coloca la masa en el molde y aplánala con el dorso de una cuchara de madera.

Hornee por 45 minutos a 350 grados Fahrenheit.

Cuando esté listo, retira el bizcocho del papel de horno y colócalo en un bol. Espolvorea con azúcar glass. Decora la parte superior con miel oscura y tibia.

Nutrientes (por 100 g): 294 calorías 11 g de grasa 9 g de carbohidratos 5,3 g de proteína 691 mg de sodio

Tilapia rápida con cebolla morada y aguacate

Tiempo de preparación: 10 minutos
Hora de cocinar: 5 minutos
Porciones: 4
Dificultad: Media

Ingredientes:

- 1 cucharada de aceite de oliva virgen extra
- 1 cucharada de jugo de naranja recién exprimido
- ¼ de cucharadita de sal kosher o marina
- 4 filetes de tilapia (4 oz), oblongos en lugar de cuadrados, con piel o piel
- ¼ de taza de cebolla morada picada
- 1 aguacate

Ruta:

Combine el aceite, el jugo de naranja y la sal en un molde para pastel de vidrio de 9 pulgadas. Trabajando los filetes uno a la vez, coloque cada uno en el molde para pastel y engrase todos los lados. Le damos a los filetes forma de rueda de carreta. Coloque cada filete con 1 cucharada de cebolla, luego doble el extremo del filete que cuelga sobre el borde por la mitad sobre la cebolla. Cuando esté listo, deberías tener 4 filetes doblados con el pliegue hacia el borde exterior del plato y el extremo en el medio.

Envuelve la olla en plástico, dejando una pequeña parte abierta en el borde para permitir que escape el vapor. Cocine a temperatura alta durante unos 3 minutos en el microondas. Cuando esté listo, debe romperse en hojuelas (trozos) presionándolo suavemente con un tenedor. Adorna los filetes con aguacate y sirve.

Nutrientes (por 100 g): 200 calorías 3 g de grasa 4 g de carbohidratos 22 g de proteína 811 mg de sodio

Pescado a la plancha al limón

Tiempo de preparación: 10 minutos

Hora de cocinar: 10 minutos

Porciones: 4

Dificultad: Difícil

Ingredientes:

- 4 (4 oz) filetes de pescado
- Aceite en aerosol antiadherente
- 3-4 limones medianos
- 1 cucharada de aceite de oliva virgen extra
- ¼ de cucharadita de pimienta negra recién molida
- ¼ de cucharadita de sal kosher o marina

Ruta:

Seque los filetes con una toalla de papel y déjelos a temperatura ambiente durante 10 minutos. Mientras tanto, cubra una parrilla fría con spray antiadherente y precaliente la parrilla a 400°F o medio-alto.

Corta un limón por la mitad y reserva. Corta la mitad restante del limón y el limón restante en rodajas de ¼ de pulgada de grosor. (Debe haber entre 12 y 16 rodajas de limón). En un tazón pequeño, exprime 1 cucharada de jugo de medio limón.

Agrega el aceite y el jugo de limón al bol y mezcla bien. Unte ambos lados del pescado con la mezcla de aceite y espolvoree uniformemente con pimienta y sal.

Coloque las rodajas de limón con cuidado en la parrilla (o sartén), junte 3-4 rodajas en forma de filete de pescado y repita esto con las otras rodajas. Coloque los filetes de pescado directamente encima de las rodajas de limón y cocine a la parrilla con la tapa cerrada. (Si asa a la parrilla en la estufa, cúbralo con una tapa de olla grande o papel de aluminio). Voltee el pescado a la mitad del tiempo de asado solo si los filetes tienen más de media pulgada de grosor. Ocurre cuando se convierte en escamas al presionar suavemente con un tenedor.

Nutrientes (por 100 g): 147 calorías 5 g de grasa 1 g de carbohidratos 22 g de proteína 917 mg de sodio

Cena de pescado en Ukenatslaken

Tiempo de preparación: 10 minutos

Hora de cocinar: 10 minutos

Porciones: 4

Dificultad: Media

Ingredientes:

- Aceite en aerosol antiadherente
- 2 cucharadas de aceite de oliva virgen extra
- 1 cucharada de vinagre balsámico
- 4 filetes de pescado (4 onzas) (½ pulgada de grosor)
- 2½ tazas de judías verdes
- 1 litro de tomates cocktail o uva

Ruta:

Precalienta el horno a 400°F. Cubra dos bandejas para hornear cuadradas grandes con spray antiadherente. Mezcla el aceite y el vinagre en un tazón pequeño. Ponlo a un lado. Coloca dos trozos de pescado en cada bandeja.

Combine los frijoles y los tomates en un tazón grande. Agregue el aceite y el vinagre y revuelva suavemente para cubrir. Vierta la mitad de la mezcla de judías verdes en una fuente de pescado y la otra mitad en la otra. Voltee el pescado y frótelo con la mezcla de aceite para cubrirlo. Coloca las verduras de manera uniforme en la bandeja para que el aire caliente pueda circular a su alrededor.

Cocine hasta que el pescado esté opaco. Está listo cuando comienza a desmoronarse al pincharlo suavemente con un tenedor.

Nutrientes (por 100 g): 193 calorías 8 g de grasa 3 g de carbohidratos 23 g de proteína 811 mg de sodio

Palitos de pescado crujientes de polenta

Tiempo de preparación: 10 minutos

Hora de cocinar: 15 minutos

Porciones: 4

Dificultad: Difícil

Ingredientes:

- 2 huevos grandes, ligeramente batidos
- 1 cucharada de leche al 2%
- 1 libra de filetes de pescado con piel, cortados en 20 tiras (1 pulgada de ancho)
- ½ taza de harina de maíz amarillo
- ½ taza de pan rallado panko integral
- ¼ cucharadita de pimentón ahumado
- ¼ de cucharadita de sal kosher o marina
- ¼ de cucharadita de pimienta negra recién molida
- Aceite en aerosol antiadherente

Ruta:

Coloque una bandeja para hornear grande con borde en el horno. Precalienta el horno a 400°F con el plato adentro. Mezclar los huevos y la leche en un bol grande. Agrega las tiras de pescado a la mezcla de huevo con un tenedor y revuelve suavemente para cubrir.

Coloque la harina de maíz, el pan rallado, el pimentón ahumado, la sal y la pimienta en una bolsa de plástico con cierre hermético de un cuarto de galón. Con un tenedor o unas pinzas, transfiera el pescado a la bolsa y deje que el exceso de agua con huevo se escurra en el recipiente antes de transferirlo. Selle bien y agite suavemente para cubrir cada caña de pescado por completo.

Con guantes de cocina, retire con cuidado la sartén caliente del horno y rocíe con spray antiadherente. Con un tenedor o unas pinzas, saca los palitos de pescado de la bolsa y colócalos en la parrilla caliente para permitir que el aire caliente circule y queden crujientes. Cocine durante 5-8 minutos hasta que el pescado esté ligeramente pinchado con un tenedor y sirva.

Nutrientes (por 100 g): 256 calorías 6 g de grasa 2 g de carbohidratos 29 g de proteína 667 mg de sodio

Cena de cazuela de salmón

Tiempo de preparación: 15 minutos

Hora de cocinar: 15 minutos

Porciones: 4

Dificultad: Media

Ingredientes:

- 1 cucharada de aceite de oliva virgen extra
- 2 dientes de ajo, finamente picados
- 1 cucharadita de pimentón ahumado
- 1 litro de uvas o tomates cherry cortados en cuartos
- 1 frasco (12 oz) de pimientos rojos asados
- 1 cucharada de agua
- ¼ de cucharadita de pimienta negra recién molida
- ¼ de cucharadita de sal kosher o marina
- 1 kilo de filete de salmón, sin piel, cortado en 8 trozos
- 1 cucharada de jugo de limón recién exprimido (de medio limón mediano)

Ruta:

Calienta el aceite en una sartén a fuego medio. Agregue el ajo y el pimentón ahumado y cocine durante 1 minuto, revolviendo con frecuencia. Agrega los tomates, los pimientos asados, el agua, la pimienta negra y la sal. Encienda el fuego a medio-alto, cocine a fuego lento y cocine por 3 minutos, rompiendo los tomates hasta el final del tiempo de cocción.

Coloca el salmón en el plato y vierte la salsa encima. Tape y cocine durante 10 a 12 minutos (usando un termómetro para carnes a 145 °F) hasta que comience a desmenuzarse.

Retira la olla del fuego y espolvorea el pescado con jugo de limón. Mezclar la salsa y luego cortar el salmón en trozos. Sirve.

Nutrientes (por 100 g): 289 calorías 13 g de grasa 2 g de carbohidratos 31 g de proteína 581 mg de sodio

Hamburguesas toscanas de atún y calabacín

Tiempo de preparación: 10 minutos
Hora de cocinar: 30 minutos
Porciones: 4
Dificultad: Media

Ingredientes:

- 3 rebanadas de pan de sándwich integral, tostado
- 2 latas (5 oz.) de atún en aceite de oliva
- 1 taza de calabacín rallado
- 1 huevo grande, ligeramente batido
- ¼ de taza de pimiento rojo picado
- 1 cucharada de orégano seco
- 1 cucharadita de cáscara de limón
- ¼ de cucharadita de pimienta negra recién molida
- ¼ de cucharadita de sal kosher o marina
- 1 cucharada de aceite de oliva virgen extra
- Ensalada verde o 4 panecillos integrales, para servir (opcional)

Ruta:

Desmenuza la tostada en el pan rallado con los dedos (o córtala en cubos de ¼ de pulgada con un cuchillo) hasta obtener 1 taza de migajas sueltas. Vierta las migas en un tazón grande. Agrega el atún, el calabacín, el huevo, el pimentón, el orégano, la ralladura de limón, la pimienta negra y la sal. Mezclar bien con un tenedor. Divida la mezcla en cuatro bollos (del tamaño de ½ taza). Colóquelas en un plato y presione cada hamburguesa hasta que tenga aproximadamente ¾ de pulgada de grosor.

Calienta el aceite en una sartén a fuego medio-alto. Agrega las hamburguesas al aceite caliente, luego reduce el fuego a medio. Freír los bollos durante 5 minutos, darles la vuelta con una espátula y freír otros 5 minutos. Disfrútalo tal cual o sírvelo en una ensalada verde o en un panecillo integral.

Nutrientes (por 100 g):191 calorías 10 g de grasa 2 g de carbohidratos 15 g de proteína 661 mg de sodio

Plato de col rizada siciliana y atún

Tiempo de preparación: 15 minutos

Hora de cocinar: 15 minutos

Porciones: 6

Dificultad: Media

Ingredientes:

- 1 kilo de col rizada
- 3 cucharadas de aceite de oliva virgen extra
- 1 taza de cebolla picada
- 3 dientes de ajo, finamente picados
- 1 lata (2,25 oz) de aceitunas en rodajas, escurridas
- ¼ de taza de alcaparras
- ¼ cucharadita de pimiento rojo
- 2 cucharaditas de azúcar
- 2 latas (6 onzas) de atún en aceite de oliva
- 1 lata (15 onzas) de frijoles cannellini
- ¼ cucharadita de pimienta negra molida
- ¼ de cucharadita de sal kosher o marina

Ruta:

Hervir tres cuartas partes del agua en una olla. Agrega la col rizada y cocina por 2 minutos. Cuela la col rizada con un colador y reserva.

Regresa la olla vacía a la estufa a fuego medio y agrega el aceite. Agrega la cebolla y cocina por 4 minutos, revolviendo continuamente. Agrega el ajo y cocina por 1 minuto. Agrega las aceitunas, las alcaparras y el pimiento rojo triturado y cocina por 1 minuto. Finalmente, agrega la col rizada parcialmente cocida y el azúcar, revuelve hasta que la col rizada esté completamente cubierta de aceite. Cierra la olla y cocina por 8 minutos.

Retira el kale del fuego, agrega el atún, los frijoles, la pimienta y la sal y sirve.

Nutrientes (por 100 g): 265 calorías 12 g de grasa 7 g de carbohidratos 16 g de proteína 715 mg de sodio

Guiso de bacalao mediterráneo

Tiempo de preparación: 10 minutos
Hora de cocinar: 20 minutos
Porciones: 6
Dificultad: Media

Ingredientes:

- 2 cucharadas de aceite de oliva virgen extra
- 2 tazas de cebolla picada
- 2 dientes de ajo, finamente picados
- ¾ cucharadita de pimentón ahumado
- 1 lata (14,5 onzas) de tomates cortados en cubitos, escurridos
- 1 frasco (12 oz) de pimientos rojos asados
- 1 taza de aceitunas en rodajas, verdes o negras
- 1/3 taza de vino tinto seco
- ¼ de cucharadita de pimienta negra recién molida
- ¼ de cucharadita de sal kosher o marina
- 1½ libras de filetes de bacalao, cortados en trozos de 1 pulgada
- 3 tazas de champiñones rebanados

Ruta:

Hervir el aceite en una olla. Agregue la cebolla y cocine por 4 minutos, revolviendo ocasionalmente. Agregue el ajo y el pimentón ahumado y cocine durante 1 minuto, revolviendo con frecuencia.

Mezclar los tomates con su jugo, los pimientos asados, las aceitunas, el vino, la pimienta y la sal y poner el fuego a medio. Vamos a hervirlo. Agrega el bacalao y los champiñones y reduce el fuego a medio.

Cocine durante unos 10 minutos, revolviendo ocasionalmente, hasta que el bacalao esté tierno y se desmenuce fácilmente, luego sirva.

Nutrientes (por 100 g): 220 calorías 8 g de grasa 3 g de carbohidratos 28 g de proteína 583 mg de sodio

Mejillones al vapor en salsa de vino blanco

Tiempo de preparación: 5 minutos
Hora de cocinar: 10 minutos
Porciones: 4
Dificultad: Difícil

Ingredientes:

- 2 kilos de almejas pequeñas
- 1 cucharada de aceite de oliva virgen extra
- 1 taza de cebolla morada en rodajas finas
- 3 dientes de ajo, rebanados
- 1 taza de vino blanco seco
- 2 rodajas de limón (¼ de pulgada de grosor)
- ¼ de cucharadita de pimienta negra recién molida
- ¼ de cucharadita de sal kosher o marina
- Rodajas de limón fresco, para servir (opcional)

Ruta:

Deje correr agua fría sobre las almejas en un colador grande en el fregadero (pero no deje que las almejas reposen en agua estancada). Todas las conchas deben estar bien cerradas; deseche las cáscaras ligeramente abiertas o agrietadas. Deje las almejas en el colador hasta que estén listas para usar.

Calienta el aceite en una sartén grande. Agregue la cebolla y cocine por 4 minutos, revolviendo ocasionalmente. Agrega el ajo y cocina por 1 minuto, revolviendo constantemente. Añade el vino, las rodajas de limón, la pimienta y la sal y deja que hierva a fuego lento. Cocine por 2 minutos.

Agrega las almejas y tapa. Cocine hasta que los mejillones abran su concha. Agite suavemente la sartén dos o tres veces durante la cocción.

Todos los shells ahora deberían estar abiertos. Utilice una espumadera y deseche las conchas que aún estén cerradas. Coloca los mejillones abiertos en un recipiente poco profundo y vierte el caldo sobre ellos. Sirva con rodajas de limón extra frescas, si lo desea.

Nutrientes (por 100 g): 222 calorías 7 g de grasa 1 g de carbohidratos 18 g de proteína 708 mg de sodio

Camarones a la naranja y al ajillo

Tiempo de preparación: 20 minutos

Hora de cocinar: 10 minutos

Porciones: 6

Dificultad: Difícil

Ingredientes:

- 1 naranja grande
- 3 cucharadas de aceite de oliva virgen extra, dividido
- 1 cucharada de romero fresco picado
- 1 cucharada de tomillo fresco picado
- 3 dientes de ajo picados (aproximadamente 1½ cucharaditas)
- ¼ de cucharadita de pimienta negra recién molida
- ¼ de cucharadita de sal kosher o marina
- 1½ libras de camarones crudos frescos, sin cáscara ni cola

Ruta:

Pelar la naranja entera con un rallador de cítricos. Mezclar la piel de naranja y 2 cucharadas de aceite con romero, tomillo, ajo, pimienta y sal. Agregue los camarones, selle la bolsa y masajee suavemente los camarones hasta que todos los ingredientes se mezclen y los camarones estén completamente cubiertos con las especias. Ponlo a un lado.

Calienta una parrilla, una parrilla o una sartén grande a fuego medio. Cepille o agite con la 1 cucharada de aceite restante.

Agregue la mitad de los camarones y cocine durante 4 a 6 minutos, o hasta que los camarones se pongan rosados y blancos, volteándolos a la mitad si los asa a la parrilla o revolviendo cada minuto si los fríe. Transfiera los camarones a un tazón grande. Repita y colóquelos en el bol.

Mientras se cocinan los camarones, pela la naranja y corta la carne en trozos pequeños. Ponlo en el bol y mézclalo con los camarones cocidos. Sirva inmediatamente o enfríe y sirva frío.

Nutrientes (por 100 g): 190 calorías 8 g de grasa 1 g de carbohidratos 24 g de proteína 647 mg de sodio

Ñoquis de camarones fritos al horno

Tiempo de preparación: 10 minutos

Hora de cocinar: 20 minutos

Porciones: 4

Dificultad: Media

Ingredientes:

- 1 taza de tomates frescos picados
- 2 cucharadas de aceite de oliva virgen extra
- 2 dientes de ajo, finamente picados
- ½ cucharadita de pimienta negra recién molida
- ¼ cucharadita de pimiento rojo triturado
- 1 frasco (12 oz) de pimientos rojos asados
- 1 libra de camarones crudos frescos, sin cáscara ni cola
- 1 libra de ñoquis congelados (sin descongelar)
- ½ taza de queso feta cortado en cubitos
- 1/3 taza de hojas frescas de albahaca trituradas

Ruta:

Precalienta el horno a 425°F. Mezclar los tomates, el aceite, el ajo, la pimienta negra y el pimiento rojo triturado en un recipiente ignífugo. Hornear en el horno durante 10 minutos.

Agrega los pimientos fritos y los camarones. Cocine por otros 10 minutos hasta que los camarones estén rosados y blancos.

Mientras se cocinan los camarones, cocine los ñoquis en la estufa según las instrucciones del paquete. Vierta en un colador y manténgalo caliente. Retire la sartén del horno. Agregue los ñoquis cocidos, el queso feta y la albahaca y sirva.

Nutrientes (por 100 g): 277 calorías 7 g de grasa 1 g de carbohidratos 20 g de proteína 711 mg de sodio

Puttanesca picante de camarones

Tiempo de preparación: 5 minutos

Hora de cocinar: 15 minutos

Porciones: 4

Dificultad: Media

Ingredientes:

- 2 cucharadas de aceite de oliva virgen extra
- 3 filetes de anchoa, escurridos y picados
- 3 dientes de ajo, finamente picados
- ½ cucharadita de pimiento rojo molido
- 1 (14,5 oz) de tomate bajo en sodio o sin sal cortado en cubitos
- 1 lata (2,25 oz) de aceitunas negras
- 2 cucharadas de alcaparras
- 1 cucharada de orégano fresco picado
- 1 libra de camarones crudos frescos, sin cáscara ni cola

Ruta:

Hervir el aceite a fuego medio. Mezclar las anchoas, el ajo y el pimiento rojo triturado. Cocine durante 3 minutos, revolviendo con frecuencia, luego triture las anchoas con una cuchara de madera hasta que se derritan en el aceite.

Mezclar los tomates con el jugo, las aceitunas, las alcaparras y el orégano. Aumente el fuego a medio y deje hervir.

Cuando la salsa esté hirviendo, agregue los camarones. Reduzca el fuego a medio y cocine los camarones hasta que estén rosados y blanqueados, luego sirva.

Nutrientes (por 100 g): 214 calorías 10 g de grasa 2 g de carbohidratos 26 g de proteína 591 mg de sodio

Sándwiches de atún italianos

Tiempo de preparación: 10 minutos

Hora de cocinar: 0 minutos

Porciones: 4

Dificultad: Fácil

Ingredientes:

- 3 cucharadas de jugo de limón recién exprimido
- 2 cucharadas de aceite de oliva virgen extra
- 1 diente de ajo, finamente picado
- ½ cucharadita de pimienta negra recién molida
- 2 latas (5 onzas) de atún, escurridas
- 1 lata (2.25 oz.) de aceitunas en rodajas
- ½ taza de hinojo fresco picado, incluidas las hojas
- 8 rebanadas de pan integral con cereales secundarios

Ruta:

Mezclar el jugo de limón, el aceite, el ajo y la pimienta. Añade el atún, las aceitunas y el hinojo. Rompe el atún en trozos con un tenedor y mezcla todos los ingredientes.

Divida la ensalada de atún en partes iguales entre 4 rebanadas de pan. Unte la parte superior de cada uno con las rebanadas de pan restantes. Deje reposar los sándwiches durante al menos 5 minutos para permitir que el relleno penetre en el pan antes de servir.

Nutrientes (por 100 g): 347 calorías 17 g de grasa 5 g de carbohidratos 25 g de proteína 447 mg de sodio

Wrap de ensalada de salmón al eneldo

Tiempo de preparación: 10 minutos

Hora de cocinar: 10 minutos

Porciones: 6

Dificultad: Fácil

Ingredientes:

- 1 kilo de filete de salmón cocido y desmenuzado
- ½ taza de zanahorias picadas
- ½ taza de apio cortado en cubitos
- 3 cucharadas de eneldo fresco picado
- 3 cucharadas de cebolla morada picada
- 2 cucharadas de alcaparras
- 1½ cucharadas de aceite de oliva virgen extra
- 1 cucharada de vinagre balsámico añejo
- ½ cucharadita de pimienta negra recién molida
- ¼ de cucharadita de sal kosher o marina
- 4 wraps de pan plano integral o tortillas integrales suaves

Ruta:

Mezclar el salmón, las zanahorias, el apio, el eneldo, la cebolla morada, las alcaparras, el aceite, el vinagre, la pimienta y la sal. Divida la ensalada de salmón entre los panes planos. Gire la parte inferior del pan plano, luego enrolle el envoltorio y sirva.

Nutrientes (por 100 g):336 calorías 16 g de grasa 5 g de carbohidratos 32 g de proteína 884 mg de sodio

Pastel de pizza de almejas blancas

Tiempo de preparación: 10 minutos

Hora de cocinar: 20 minutos

Porciones: 4

Dificultad: Difícil

Ingredientes:

- 1 kilo de masa de pizza fresca fría
- Aceite en aerosol antiadherente
- 2 cucharadas de aceite de oliva virgen extra, dividido
- 2 dientes de ajo picados (aprox. 1 cucharadita)
- ½ cucharadita de pimiento rojo molido
- 1 lata (10 onzas) de almejas tiernas enteras, escurridas
- ¼ de taza de vino blanco seco
- Harina universal, para espolvorear
- 1 taza de queso mozzarella cortado en cubitos
- 1 cucharada de queso pecorino romano o parmesano rallado
- 1 cucharada de perejil fresco de hoja plana (italiano) picado

Ruta:

Precalienta el horno a 500°F. Cubra los bordes de una bandeja para hornear grande con spray antiadherente.

Calienta 1½ cucharadas de aceite en una sartén grande. Agregue el ajo y el pimiento rojo triturado y cocine por 1 minuto, revolviendo con frecuencia para evitar que el ajo se queme. Agrega el jugo de almejas reservado y el vino. Llevar a ebullición a fuego alto. Reduzca el fuego a medio para que la salsa hierva a fuego lento y cocine, revolviendo ocasionalmente, durante 10 minutos. La salsa hervirá y espesará.

Coloca las almejas y cocina por 3 minutos, revolviendo ocasionalmente. Mientras se cocina la salsa, sobre una superficie ligeramente enharinada, usando un rodillo o extendiendo la masa a mano, forme un círculo de 12 pulgadas o un rectángulo de 10 por 12 pulgadas con la masa de pizza. Coloque la masa en la bandeja para hornear preparada. Unte la masa con la ½ cucharada de aceite restante. Reserva hasta que la salsa de almejas esté lista.

Extienda la salsa de almejas sobre la masa preparada hasta ½ pulgada del borde. Espolvorea con queso mozzarella y luego espolvorea con Pecorino Romano.

Hornee por 10 minutos. Saca la pizza del horno y colócala sobre una tabla de cortar de madera. Espolvorea perejil por encima, corta en ocho partes con un cortador de pizza o un cuchillo afilado y sirve.

Nutrientes (por 100 g): 541 calorías 21 g de grasa 1 g de carbohidratos 32 g de proteína 688 mg de sodio

Harina de pescado con frijoles al horno

Tiempo de preparación: 10 minutos

Hora de cocinar: 10 minutos

Porciones: 4

Dificultad: Fácil

Ingredientes:

- 1 cucharada de vinagre balsámico
- 2 1/2 tazas de judías verdes
- 1 litro de tomates cocktail o uva
- 4 (4 onzas cada uno) filetes de pescado, como bacalao o tilapia
- 2 cucharadas de aceite de oliva

Ruta:

Precalienta el horno a 400 grados. Engrasa dos bandejas para horno con un poco de aceite de oliva o aceite de oliva en spray. Coloca 2 filetes de pescado en cada hoja. Vierta el aceite de oliva y el vinagre en un tazón. Revuelva para mezclar bien.

Mezclar las judías verdes y los tomates. Revuelva para mezclar bien. Mezclar bien las dos mezclas. Vierta la mezcla uniformemente sobre los filetes de pescado. Cocine durante 6-8 minutos hasta que el pescado esté opaco y se desmenuce fácilmente. Servir caliente.

Nutrientes (por 100 g): 229 calorías 13 g de grasa 8 g de carbohidratos 2,5 g de proteína 559 mg de sodio

Bacalao con champiñones asados

Tiempo de preparación: 10 minutos

Hora de cocinar: 20 minutos

Porciones: 6

Dificultad: Fácil

Ingredientes:

- 2 cucharadas de aceite de oliva virgen extra
- 2 dientes de ajo, finamente picados
- 1 lata de tomates
- 2 tazas de cebolla picada
- ¾ cucharadita de pimentón ahumado
- un frasco (12 onzas) de pimientos rojos asados
- 1/3 taza de vino tinto seco
- ¼ de cucharadita de sal kosher o marina
- ¼ cucharadita de pimienta negra
- 1 taza de aceitunas negras
- 1 ½ libras de filetes de bacalao, cortados en trozos de 1 pulgada
- 3 tazas de champiñones rebanados

Ruta:

Toma una sartén mediana, calienta el aceite a fuego medio. Agrega la cebolla y cocina por 4 minutos. Agrega el ajo y el pimentón ahumado; Cocine durante 1 minuto, revolviendo con frecuencia. Agrega los tomates con su jugo, los pimientos asados, las aceitunas, el vino, la pimienta y la sal; mezclar suavemente. Lleva la mezcla a ebullición. Agrega el bacalao y los champiñones; reduzca el fuego a medio. Cerrar y remover hasta que el bacalao se disuelva fácilmente. Servir caliente.

Nutrientes (por 100 g): 238 calorías 7 g de grasa 15 g de carbohidratos 3,5 g de proteína 772 mg de sodio

Pez espada picante

Tiempo de preparación: 10 minutos

Hora de cocinar: 15 minutos

Porciones: 4

Dificultad: Media

Ingredientes:

- 4 filetes de pez espada (7 onzas cada uno).
- 1/2 cucharadita de pimienta negra molida
- 12 dientes de ajo, pelados
- 3/4 cucharadita de sal
- 1 1/2 cucharaditas de comino molido
- 1 cucharadita de pimentón
- 1 cucharadita de cilantro
- 3 cucharadas de jugo de limón
- 1/3 taza de aceite de oliva

Ruta:

Coge una batidora o robot de cocina, abre la tapa y añade todos los ingredientes menos el pez espada. Cierre la tapa y mezcle hasta que quede suave. Filetes de pescado seco; cubra uniformemente con la mezcla de especias preparada.

Colocar sobre papel de aluminio, tapar y refrigerar por 1 hora. Precalienta una sartén a fuego alto, vierte aceite por encima y caliéntala. Agrega los filetes de pescado; Fríe ambos lados durante

5-6 minutos hasta que estén suaves y dorados uniformemente. Servir caliente.

Nutrientes (por 100 g): 255 calorías 12 g de grasa 4 g de carbohidratos 0,5 g de proteína 990 mg de sodio

Manía por la pasta con anchoas

Tiempo de preparación: 10 minutos

Hora de cocinar: 20 minutos

Porciones: 4

Dificultad: Fácil

Ingredientes:

- 4 filetes de anchoa, envueltos en aceite de oliva
- ½ libra de brócoli, cortado en floretes de 1 pulgada
- 2 dientes de ajo, rebanados
- 1 libra de penne integral
- 2 cucharadas de aceite de oliva
- ¼ taza de queso parmesano rallado
- Sal y pimienta negra, al gusto.
- hojuelas de pimiento rojo, al gusto

Ruta:

Cocine la pasta según las instrucciones del paquete; escurrir y reservar. Toma una olla o sartén mediana, agrega aceite. Calienta a fuego medio. Agrega las anchoas, el brócoli y el ajo y cocina hasta que las verduras estén tiernas, de 4 a 5 minutos. Alejar del calor; agregue la masa. Sirva caliente con queso parmesano, hojuelas de pimiento rojo, sal y pimienta negra espolvoreadas por encima.

Nutrientes (por 100 g): 328 calorías 8 g de grasa 35 g de carbohidratos 7 g de proteína 834 mg de sodio

Pasta con camarones y ajo

Tiempo de preparación: 10 minutos

Hora de cocinar: 15 minutos

Porciones: 4

Dificultad: Fácil

Ingredientes:

- 1 kilo de camarones, pelados y desvenados
- 3 dientes de ajo, finamente picados
- 1 cebolla, finamente picada
- 1 paquete de pasta integral o de frijoles al gusto
- 4 cucharadas de aceite de oliva
- Sal y pimienta negra, al gusto.
- ¼ taza de albahaca, cortada en tiras
- ¾ taza de caldo de pollo bajo en sodio

Ruta:

Cocine la pasta según las instrucciones del paquete; enjuagar y reservar. Toma una sartén mediana, agrega aceite y calienta a fuego medio. Agregue la cebolla y el ajo y revuelva hasta que estén transparentes y fragantes, 3 minutos.

Agrega los camarones, la pimienta negra (molida) y la sal; cocine, revolviendo, durante 3 minutos, hasta que los camarones se vuelvan opacos. Agrega el caldo y cocina a fuego lento durante otros 2-3 minutos. Coloque la masa en una fuente para servir; cubra con la mezcla de camarones; sirva caliente con albahaca encima.

Nutrientes (por 100 g): 605 calorías 17 g de grasa 53 g de carbohidratos 19 g de proteína 723 mg de sodio

Salmón con miel y vinagre

Tiempo de preparación: 10 minutos

Hora de cocinar: 5 minutos

Porciones: 4

Dificultad: Fácil

Ingredientes:

- 4 (8 oz) filetes de salmón
- 1/2 taza de vinagre balsámico
- 1 cucharada de miel
- Pimienta negra y sal, al gusto.
- 1 cucharada de aceite de oliva

Ruta:

Mezclar la miel y el vinagre. Revuelva para mezclar bien.

Sazone los filetes de pescado con pimienta negra (molida) y sal marina; untar con glaseado de miel. Toma una olla o sartén mediana, agrega aceite. Calienta a fuego medio. Agregue los filetes de salmón y cocine durante 3-4 minutos por cada lado hasta que estén medio dorados y ligeramente dorados en el centro. Servir caliente.

Nutrientes (por 100 g): 481 calorías 16 g de grasa 24 g de carbohidratos 1,5 g de proteína 673 mg de sodio

Harina de pescado de naranja

Tiempo de preparación: 10 minutos

Hora de cocinar: 5 minutos

Porciones: 4

Dificultad: Fácil

Ingredientes:

- ¼ de cucharadita de sal kosher o marina
- 1 cucharada de aceite de oliva virgen extra
- 1 cucharada de jugo de naranja
- 4 (4 oz) filetes de tilapia, con o sin piel
- ¼ de taza de cebolla morada picada
- 1 aguacate, sin hueso, pelado y rebanado

Ruta:

Tome una fuente para hornear de 9 pulgadas; agregue aceite de oliva, jugo de naranja y sal. Combina bien. Agrega el filete de pescado y tapa bien. Coloca la cebolla encima del filete de pescado. Cubrir con film plástico. Cocine en el microondas durante 3 minutos hasta que el pescado esté tierno y se desmenuce fácilmente. Sirva caliente, cubierto con aguacate en rodajas.

Nutrientes (por 100 g): 231 calorías 9 g de grasa 8 g de carbohidratos 2,5 g de proteína 536 mg de proteína

Zoodles De Camarones

Tiempo de preparación: 10 minutos
Hora de cocinar: 5 minutos
Porciones: 2
Dificultad: Fácil

Ingredientes:

- 2 cucharadas de perejil picado
- 2 cucharaditas de ajo finamente picado
- 1 cucharadita de sal
- ½ cucharadita de pimienta negra
- 2 calabacines medianos, en espiral
- 3/4 libra de camarones medianos, pelados y desvenados
- 1 cucharada de aceite de oliva
- en el jugo y la piel de 1 limón

Ruta:

Toma una olla o sartén mediana, agrega aceite, jugo de limón y cáscara de limón. Calienta a fuego medio. Agrega los camarones y cocina durante 1 minuto por cada lado. Cocine a fuego lento el ajo y el pimiento rojo durante 1 minuto más. Agrega los Zoodles y mezcla suavemente; Cocine por 3 minutos hasta que esté cocido. Sazone bien y sirva caliente con perejil encima.

Nutrientes (por 100 g): 329 calorías 12 g de grasa 11 g de carbohidratos 3 g de proteína 734 mg de sodio

Plato de trucha con espárragos

Tiempo de preparación: 10 minutos

Hora de cocinar: 20 minutos

Porciones: 4

Dificultad: Fácil

Ingredientes:

- 2 kilos de filete de trucha
- 1 kilo de espárragos
- Sal y pimienta blanca molida, al gusto.
- 1 cucharada de aceite de oliva
- 1 diente de ajo, finamente picado
- 1 cebolla tierna, en rodajas finas (parte verde y blanca)
- 4 papas doradas medianas, en rodajas finas
- 2 tomates roma, picados
- 8 aceitunas Kalamata deshuesadas y picadas
- 1 zanahoria grande, en rodajas finas
- 2 cucharadas de perejil seco
- ¼ de taza de comino molido
- 2 cucharadas de pimentón
- 1 cucharada de condimento base vegetal
- ½ taza de vino blanco seco

Ruta:

Añade los filetes de pescado, la pimienta blanca y la sal a un bol. Revuelva para mezclar bien. Toma una olla o sartén mediana, agrega aceite. Calienta a fuego medio. Agrega los espárragos, las papas, el ajo, el ajo y cocina hasta que estén tiernos, 4-5 minutos. Agrega los tomates, las zanahorias y las aceitunas; Cocine durante 6-7 minutos hasta que esté suave. Agrega el comino, el pimentón, el perejil, el condimento para caldo y la sal. Mezclar bien la mezcla.

Agrega el vino blanco y el filete de pescado. Cocine a fuego lento la mezcla, tapado, durante unos 6 minutos, hasta que el pescado se desmenuce fácilmente, revolviendo. Sirva caliente con cebollas verdes encima.

Nutrientes (por 100 g): 303 calorías 17 g de grasa 37 g de carbohidratos 6 g de proteína 722 mg de sodio

Kale, aceitunas, atún

Tiempo de preparación: 10 minutos

Hora de cocinar: 15 minutos

Porciones: 6

Dificultad: Media

Ingredientes:

- 1 taza de cebolla picada
- 3 dientes de ajo, finamente picados
- 1 lata (2,25 oz) de aceitunas en rodajas, escurridas
- 1 kilo de col rizada, picada
- 3 cucharadas de aceite de oliva virgen extra
- ¼ de taza de alcaparras
- ¼ cucharadita de pimiento rojo triturado
- 2 cucharaditas de azúcar
- 1 lata (15 onzas) de frijoles cannellini
- 2 latas (6 oz) de atún en aceite de oliva, escurrido
- ¼ cucharadita de pimienta negra
- ¼ de cucharadita de sal kosher o marina

Ruta:

Remoja la col rizada en agua hirviendo durante 2 minutos; escurrir y reservar. Toma una sartén mediana u olla a presión, calienta el aceite a fuego medio. Agrega la cebolla y revuelve hasta que esté transparente y suave. Agregue el ajo y cocine hasta que esté fragante, 1 minuto.

Agrega las aceitunas, las alcaparras y el pimiento rojo y cocina por 1 minuto. Agregue la col rizada cocida y el azúcar. Cubra a fuego lento y cocine a fuego lento la mezcla durante unos 8-10 minutos, revolviendo a medida que avanza. Agrega el atún, las judías, la pimienta y la sal. Mezclar bien y servir caliente.

Nutrientes (por 100 g): 242 calorías 11 g de grasa 24 g de carbohidratos 7 g de proteína 682 mg de sodio

Gambas Picantes Al Romero

Tiempo de preparación: 10 minutos

Hora de cocinar: 10 minutos

Porciones: 6

Dificultad: Fácil

Ingredientes:

- 1 naranja grande, pelada y sin hueso
- 3 dientes de ajo, finamente picados
- 1 ½ libras de camarones crudos, sin cáscara ni cola
- 3 cucharadas de aceite de oliva
- 1 cucharada de tomillo finamente picado
- 1 cucharada de romero picado
- ¼ cucharadita de pimienta negra
- ¼ de cucharadita de sal kosher o marina

Ruta:

Toma una bolsa de plástico ziplock, agrega cáscara de naranja, camarones, 2 cucharadas de aceite de oliva, ajo, tomillo, romero, sal y pimienta negra. Agite bien y deje marinar durante 5 minutos.

Toma una olla o sartén mediana, agrega 1 cucharada de aceite de oliva. Calienta a fuego medio. Agregue los camarones y cocine por cada lado durante 2-3 minutos hasta que estén completamente rosados y opacos. Corta la naranja en trozos y colócala en un bol. Agrega los camarones y mezcla bien. Sirva fresco.

Nutrientes (por 100 g): 187 calorías 7 g de grasa 6 g de carbohidratos 0,5 g de proteína 673 mg de sodio

salmón con espárragos

Tiempo de preparación: 10 minutos

Hora de cocinar: 15 minutos

Porciones: 2

Dificultad: Fácil

Ingredientes:

- 8,8 oz manojo de espárragos
- 2 filetes de salmón pequeños
- 1 ½ cucharaditas de sal
- 1 cucharadita de pimienta negra
- 1 cucharada de aceite de oliva
- 1 taza de salsa holandesa, baja en carbohidratos

Ruta:

Sazona bien el filete de salmón. Toma una olla o sartén mediana, agrega aceite. Calienta a fuego medio.

Agrega los filetes de salmón y revuelve hasta que estén uniformemente y bien cocidos durante 4-5 minutos por cada lado. Agrega los espárragos y cocina por otros 4-5 minutos. Sirva caliente con salsa holandesa encima.

Nutrientes (por 100 g): 565 calorías 7 g de grasa 8 g de carbohidratos 2,5 g de proteína 559 mg de sodio

Ensalada de atún y nueces

Tiempo de preparación: 10 minutos

Hora de cocinar: 0 minutos

Porciones: 4

Dificultad: Fácil

Ingredientes:

- 1 cucharada de estragón finamente picado
- 1 tallo de apio, limpio y picado
- 1 cebollino mediano, cortado en cubitos
- 3 cucharadas de cebollino picado
- 1 lata (5 oz) de atún (cubierto con aceite de oliva), escurrido y desmenuzado
- 1 cucharadita de mostaza Dijon
- 2-3 cucharadas de mayonesa
- 1/4 cucharadita de sal
- 1/8 cucharadita de pimienta
- 1/4 taza de piñones tostados

Ruta:

Agregue el atún, las chalotas, el cebollino, el estragón y el apio a una ensaladera grande. Revuelva para mezclar bien. Agregue mayonesa, mostaza, sal y pimienta negra a un tazón. Revuelva para mezclar bien. Agrega la mezcla de mayonesa a la ensaladera; mezclar bien. Agrega los piñones y vuelve a mezclar. Sirva fresco.

Nutrientes (por 100 g): 236 calorías 14 g de grasa 4 g de carbohidratos 1 g de proteína 593 mg de sodio

Sopa cremosa de camarones

Tiempo de preparación: 10 minutos

Hora de cocinar: 35 minutos

Porciones: 6

Dificultad: Media

Ingredientes:

- 1 libra de camarones medianos, pelados y desvenados
- 1 puerro, tanto la parte blanca como la verde clara, en rodajas
- 1 cebolla de hinojo mediana, finamente picada
- 2 cucharadas de aceite de oliva
- 3 tallos de apio, picados
- 1 diente de ajo, finamente picado
- Sal marina y pimienta molida al gusto.
- 4 tazas de caldo de verduras o pollo
- 1 cucharada de semillas de hinojo
- 2 cucharadas de crema ligera
- Jugo de 1 limón

Ruta:

Tome una olla mediana o una cacerola y caliente el aceite a fuego medio. Añade el apio, los puerros y el hinojo y cocina durante unos 15 minutos, hasta que las verduras estén tiernas y doradas. Agrega el ajo; sazone con pimienta negra y sal marina. Agrega las semillas de hinojo y mezcla.

Vierta el caldo encima y déjelo hervir. Deje que la mezcla hierva a fuego lento durante unos 20 minutos, revolviendo a medida que avanza. Agregue los camarones y cocine hasta que estén rosados, 3 minutos. Mezclar con la nata y el jugo de limón; servir caliente.

Nutrientes (por 100 g): 174 calorías 5 g de grasa 9,5 g de carbohidratos 2 g de proteína 539 mg de sodio

Salmón picante con quinoa vegetal

Tiempo de preparación: 30 minutos

Hora de cocinar: 10 minutos

Porciones: 4

Dificultad: Difícil

Ingredientes:

- 1 taza de quinua cruda
- 1 cucharadita de sal, dividida por la mitad
- ¾ taza de pepino, sin semillas y cortado en cubitos
- 1 taza de tomates cherry, cortados por la mitad
- ¼ de taza de cebolla morada, picada
- 4 hojas de albahaca fresca en rodajas finas
- Cáscara de limón
- ¼ cucharadita de pimienta negra
- 1 cucharadita de comino
- ½ cucharadita de pimentón
- 4 (5 oz) filetes de salmón
- 8 botes de limón
- ¼ de taza de perejil fresco, picado

Ruta:

En una cacerola mediana, agrega la quinua, 2 tazas de agua y ½ cucharadita de sal. Caliéntalos hasta que el agua hierva, luego reduce la temperatura hasta que hierva. Tapa la sartén y deja cocinar por 20 minutos, o hasta que el paquete de quinua diga.

Apagar el fuego debajo de la quinua y dejar tapado al menos 5 minutos más antes de servir.

Justo antes de servir, agregue a la quinua cebollas, tomates, pepinos, hojas de albahaca y ralladura de limón, luego mezcle todo con una cuchara. Mientras tanto (mientras se cocina la quinoa), prepara el salmón. Encienda la parrilla del horno a temperatura alta y busque una rejilla en el fondo del horno. En un tazón pequeño, agrega los siguientes ingredientes: pimienta negra, ½ cucharadita de sal, comino y pimentón. Mézclalos juntos.

Coloque papel de aluminio encima de una bandeja para hornear de vidrio o aluminio y rocíe con spray antiadherente. Coloca el filete de salmón sobre el papel de aluminio. Frote la mezcla de condimentos en cada filete (aproximadamente ½ cucharadita de mezcla de condimentos por filete). Agrega las rodajas de limón al borde de la sartén cerca del salmón.

Hornea el salmón debajo del asador durante 8 a 10 minutos. El objetivo es que el salmón se parta fácilmente con un tenedor. Espolvorea el salmón con perejil, sírvelo con aros de limón y perejil vegetal. ¡Disfrutar!

Nutrientes (por 100 g): 385 calorías 12,5 g de grasa 32,5 g de carbohidratos 35,5 g de proteína 679 mg de sodio

Trucha a la mostaza con manzanas

Tiempo de preparación: 15 minutos

Hora de cocinar: 55 minutos

Porciones: 2

Dificultad: Difícil

Ingredientes:

- 1 cucharada de aceite de oliva
- 1 cebolleta pequeña, finamente picada
- 2 manzanas hembras, cortadas por la mitad
- 4 filetes de trucha de 3 onzas cada uno
- 1 1/2 cucharadas de pan rallado, suave y fino
- 1/2 cucharadita de tomillo fresco y finamente picado
- 1/2 cucharada de mantequilla, derretida y sin sal
- 1/2 taza de sidra
- 1 cucharadita de azúcar moreno claro
- 1/2 cucharada de mostaza Dijon
- 1/2 cucharada de alcaparras, enjuagadas
- Sal marina y pimienta negra al gusto.

Ruta:

Precalienta el horno a 375 grados, luego saca un tazón pequeño. Agregue el pan rallado, las chalotas y el tomillo antes de sazonar con sal y pimienta.

Agrega la mantequilla y mezcla bien.

Coloque las manzanas con el lado cortado hacia arriba en una fuente ignífuga y luego espolvoree con azúcar. Cepille la parte superior con pan rallado, luego vierta la mitad de la sidra alrededor de las manzanas y cubra el plato. hornee por media hora.

Tapar y hornear por otros veinte minutos. Las manzanas deben estar blandas, pero la miga debe quedar crujiente. Saca las manzanas del horno.

Encienda el asador y ajuste la rejilla a cuatro pulgadas. Triturar la trucha y sazonar con sal y pimienta. Extienda el aceite sobre un trozo de papel pergamino y luego coloque la trucha con la piel hacia arriba. Cepille la piel con el aceite restante y hornee por seis minutos. Repita lo mismo con la manzana en el estante directamente debajo de la trucha. Esto evita que las migas se quemen y solo tarda dos minutos en calentarse.

Coge una cacerola y mezcla el resto de la sidra, las alcaparras y la mostaza. Si es necesario, añade más sidra para diluirla y cocina durante cinco minutos a fuego medio-alto. Debe tener una consistencia de salsa. Vierte el jugo sobre el pescado y sírvelo con una manzana en cada plato.

Nutrientes (por 100 g): 366 calorías 13 g de grasa 10 g de carbohidratos 31 g de proteína 559 mg de sodio

ñoquis con camarones

Tiempo de preparación: 5 minutos

Hora de cocinar: 15 minutos

Porciones: 4

Dificultad: Difícil

Ingredientes:

- 1/2 libra de camarones, pelados y pesados
- 1/4 taza de chalotes, en rodajas
- 1/2 cucharada + 1 cucharadita de aceite de oliva
- ñoquis estables de 8 oz
- 1/2 manojo de espárragos, cortados en tercios
- 3 cucharadas de queso parmesano
- 1 cucharada de jugo de limón, fresco
- 1/3 taza de caldo de pollo
- Sal marina y pimienta negra al gusto.

Ruta:

Comienza calentando media cucharada de aceite a fuego medio, luego agrega los ñoquis. Cocine, revolviendo con frecuencia, hasta que esté esponjoso y dorado. Esto lleva de siete a diez minutos. Colócalos en un bol.

Calentar la cucharadita de aceite restante con las chalotas y sofreírlas hasta que empiecen a dorarse. Asegúrate de revolverlo, pero tardará dos minutos. Revuelve la sopa antes de agregar los espárragos. Cubra y cocine de tres a cuatro minutos.

Agrega los camarones, sal y pimienta. Cocine hasta que esté rosado y cocine, lo que debería tomar unos cuatro minutos.

Regresa los ñoquis a la sartén con el jugo de limón y cocina por dos minutos más. Mezclar bien y retirar del fuego.

Espolvorea con parmesano y deja reposar dos minutos. El queso debe derretirse. Servir caliente.

Nutrientes (por 100 g): 342 calorías 11 g de grasa 9 g de carbohidratos 38 g de proteína 711 mg de sodio

camarones saganaki

Tiempo de preparación: 15 minutos
Hora de cocinar: 30 minutos
Porciones: 2
Dificultad: Media

Ingredientes:

- 1/2 libra de camarones sin cáscara
- 1 cebolla pequeña, finamente picada
- 1/2 taza de vino blanco
- 1 cucharada de perejil fresco y finamente picado
- 8 gramos de tomates enlatados y cortados en cubitos
- 3 cucharadas de aceite de oliva
- 4 onzas de queso feta
- sal en cubitos
- Una pizca de pimienta negra
- 14 cucharaditas de ajo en polvo

Ruta:

Coge una olla, añade unos dos centímetros de agua y ponla a hervir. Cocine por cinco minutos, luego escurra, pero conserve el líquido. Reserva tanto los camarones como el líquido.

A continuación, calienta dos cucharadas de aceite y, cuando esté caliente, añade la cebolla. Freír hasta que la cebolla se vuelva transparente. Agrega el perejil, el ajo, el vino, el aceite de oliva y los tomates. Déjalo cocinar durante media hora y revuelve hasta que espese.

Retire las patas de los camarones, quíteles el caparazón, la cabeza y la cola. Cuando haya espesado, agrega los camarones y el jugo de camarones a la salsa. Cocine a fuego lento durante cinco minutos y luego agregue el queso feta. Dejar hasta que el queso empiece a derretirse y luego servir caliente.

Nutrientes (por 100 g):329 calorías 14 g de grasa 10 g de carbohidratos 31 g de proteína 449 mg de sodio

salmón mediterráneo

Tiempo de preparación: 10 minutos
Hora de cocinar: 20 minutos
Porciones: 2
Dificultad: Fácil

Ingredientes:

- 2 filetes de salmón, sin piel, 6 onzas cada uno
- 1 taza de tomates cherry
- 1 cucharada de alcaparras
- 1/4 taza de calabacín, picado
- 1/8 cucharadita de pimienta negra
- 1/8 cucharadita de sal marina, fina
- 1/2 cucharada de aceite de oliva
- 1,25 gramos de aceitunas maduras, en rodajas

Ruta:

Precalienta el horno a 425 grados, luego espolvorea ambos lados del pescado con sal y pimienta. Coloque el pescado en una sola capa sobre la bandeja para hornear después de cubrir la bandeja con aceite en aerosol.

Mezclar los tomates y el resto de ingredientes, verter la mezcla sobre los filetes y hornear durante veintidós minutos. Servir caliente.

Nutrientes (por 100 g): 322 calorías 10 g de grasa 15 g de carbohidratos 31 g de proteína 493 mg de sodio

www.ingramcontent.com/pod-product-compliance
Lightning Source LLC
Chambersburg PA
CBHW050158130526
44591CB00034B/1325